Jüdisches Leben ... Bild

Ritter von Leopold Sacher-Masoch

Alpha Editions

This edition published in 2022

ISBN : 9789356788558

Design and Setting By
Alpha Editions
www.alphaedis.com
Email - info@alphaedis.com

Contents

Vorwort.

Man hat viel über die Juden geschrieben, aber erst seit einem halben Jahrhundert hat man angefangen sie ohne Voreingenommenheit, ja mit Interesse zu betrachten. Bis dahin waren ihre grossartigen wechselvollen Schicksale im Alterthum und ihr langes Märtyrerthum nach und während ihrer Zerstreuung nur von Gelehrten und Geschichtsforschern in parteiischen, von Leidenschaft getränkten Werken gewürdigt worden, die der jüdischen Rasse oft mehr feindlich als sympathisch gesinnt waren.

Unter der Einwirkung der liberalen und humanitären Ideen, welche jetzt die Welt beherrschen, werden die barbarischen Vorurtheile, welche die Juden ausnahmslos als Parias betrachteten, bald gänzlich verschwunden sein. Ueberall weichen diese Vorurtheile von den Fortschritten der Freiheit und Zivilisation zurück; man findet sie nur noch und zwar sehr abgeschwächt, in einigen Provinzen des östlichen Europas. Sonst geniessen die Juden überall, wo Freiheit herrscht und besonders in den westlichen Staaten in Frieden alle Vorrechte des freien Mannes, gerade so wie sie dessen Rechte ausüben und dessen Pflichten erfüllen. Sie hängen aufrichtig an dem Lande, in dem sie geboren wurden, ohne jedoch im geringsten die Lebensfähigkeit ihrer Rasse einzubüssen, ohne ihre traditionellen Gefühle zu verleugnen, ohne die Gemeinschaft mit den über die ganze Erde zerstreuten Brüdern aufzuheben. Sie lieben ihr Vaterland und dienen ihm treu.

Sobald es ihnen gestattet ist mit demselben Rechte wie ihre übrigen Mitbrüder nach allen Berufsstellen, Ehren und Auszeichnungen zu streben, wissen sie sich derselben auch würdig zu bezeigen und viele unter ihnen erreichen sogar die höchsten Stellen. Dadurch haben die Juden ihre Befähigung zur Litteratur, zu den Wissenschaften ebenso wie zu den Gewerben und zum Handel bewiesen.

Seit aber Juden unter den gebildeten Nationen Bürger geworden sind wie alle anderen, müssen sie sich dem Einflusse des Kreises, in dem sie geboren wurden oder in dem sie leben, beugen. Allmählich und unmerklich nehmen sie die äusseren Gewohnheiten und Sitten desselben an; die intimen Gebräuche widerstehen länger, aber für viele unter ihnen ist das alte jüdische Leben heute nur noch eine poetische Erinnerung wie die an das Ghetto.

Um die alten jüdischen Sitten mit ihrem biblischen Charakter, ihrem naiven Aberglauben, ihren poetischen Legenden und ihrem stark ausgeprägten Gefühl für das patriarchalische Leben wiederzufinden, muss man sie in den Dörfern und kleinen Städten des Ostens, im Elsass, im östlichen Deutschland, in Oesterreich, Polen und sogar in England und

Spanien, das heisst so ziemlich überall mit Ausnahme der grossen Städte aufsuchen.

In diesen verschiedenen Landschaften nun hat Sacher-Masoch, der wohl bekannte Autor des »Vermächtniss Kains« und zahlreicher ebenso origineller, entzückender Werke, Beobachtungen gesammelt, die er in dem »Jüdischen Leben«, das heute veröffentlicht wird, niedergelegt hat. Auf diese Weise hat er eine abwechslungsvolle Reihe kleiner Gedichte in Prosa geschaffen, von dichterischem Schwung und Kraft, voll schlagender Gegensätze, lebhafter bald scherzhafter, und komischer, bald ernster, düsterer aber immer wahrheitsgetreuer Gestalten und Szenen.

Die Litteraturfreunde wissen in wie hohem Grade Sacher-Masoch es versteht, seinen Schöpfungen Bewegung und Farbe zu verleihen, wie man zuerst versucht ist zu glauben, dass alles auf einer Nadelspitze erbaut ist, und wie es sich dann plötzlich zu einer weiten Szene öffnet, in der sich Personen und Situationen in überraschender Weise vervielfältigen. Man kennt die glänzenden Eigenschaften des Autors, seinen humoristischen Geist, seine alles durchdringende Poesie, seine heit're milde grossmüthige, wenn auch mit einem leichten Anflug von Pessimismus gefärbte Philosophie, seinen kräftigen, massvollen Stil voll Leben, Kraft, diesen so originellen, so ganz persönlichen Stil, der im Geiste des Lesers zahllose Gedanken und Bilder wach ruft.

Der litterarische und moralische Werth dieser reizenden Sittenschilderungen haben uns veranlasst eine reich illustrirte Ausgabe zu veranstalten. Wir haben infolge dessen die berufensten Künstler, die das jüdische Leben aus dem Grunde kennen, zur Mitarbeiterschaft herangezogen. Nach unserer Meinung hätte der Text nicht geistvoller, wahrheitsgetreuer, schöner interpretirt werden können, als es Gérardin, Alphons Lévy, Emil Lévy, Henri Lévy, Eduard Loevy, Schlesinger, Wolf und Worms gethan haben. Die zahlreichen im Text verstreuten Zeichnungen tragen einen lebenswarmen Ausdruck.

Wir wagen desshalb zu hoffen, dass alle Leute von Urtheil und gutem Geschmack uns das Zeugniss geben werden, dass das »Jüdische Leben« zu den originellsten litterarischen und künstlerischen Erscheinungen unserer Zeit gehört.

ISRAEL.

Goethe sagt: Das auserwählte unter den Völkern ist nicht das beste, sondern das andauerndste.

In diesem wunderbaren Ausspruch ist die ganze Geschichte des israelitischen Volkes enthalten, alle seine Schicksale, gute und böse, spiegeln sich in demselben. Ja, es war unter allen Völkern, die den Erdball bewohnen, das ausdauerndste und deshalb hat es viel grössere und wichtigere, als es selbst war, überlebt und sah den Ruhm, die lärmenden Thaten, den Glanz der Jahrhunderte vorüberziehen, gleich Schemen. Es hat das üppige Babylon in den Staub sinken sehen und das Reich der Pharaonen und Rom, der Sturm der Völker brauste an ihm vorüber, Gothen, Vandalen und Hunnen, das römische Kaiserreich Karl's des Grossen fiel in Trümmer, das geistliche Weltreich der Päpste, die Monarchie Karl's V., in der die Sonne nicht unterging, Holland, Schweden, Polen, traten vom Schauplatz ab, Spanien erntete die traurigen Folgen seiner Verfolgungswuth, der Thron der Bourbonen wurde umgestürzt, und der neue Cäsar fand in den Eiswüsten Russlands sein Ende, doch Israel bestand noch immer. Es trotzte dem Mord, der Pest, dem Scheiterhaufen und ging durch den Wechsel der Zeiten, ergeben und geduldig, die heiligen Gesetzrollen im Arm.

Kein Volk ist so oft von Eroberern unterjocht, in die Sklaverei geschleppt, getheilt und zerstreut, keines so mit Feuer und Schwert verfolgt, unterdrückt, beraubt, geschmäht und gequält worden und es lebte immer und lebt noch heute, frisch und kräftig, wie einst in den gesegneten Thälern Kanaans.

Und doch ist heute wieder eine grosse Verfolgung gegen dasselbe im Zuge, ein Kampf, der durch alle Länder Europas geht, bedroht die schwer errungenen Rechte, die Bildung, das Eigenthum der Israeliten, ja ihre Existenz.

Woher in unserer Zeit, genau ein Jahrhundert nach der grossen Revolution, nach der Proklamation der Menschenrechte, dieser Hass, dieser Rassenkrieg, dieser religiöse Verfolgungswahn?

Mögen sich auch starke, egoistische, zumeist ökonomische Interessen unter der religiösen und nationalen Maske verbergen, es zeigt sich trotzdem in dieser ganzen Bewegung unleugbar eine Leidenschaft, welche nicht durch nüchterne Motive dieser Art erklärt werden kann.

Das jüdische Volk ist das älteste Kulturvolk Europa's. Das ist der Grund. Andere Völker, welche eine gleich alte Kultur besitzen, sind ohne Einfluss auf uns geblieben, wie die Chinesen und Inder, oder vom Schauplatz verschwunden, wie die Egypter, Griechen, Römer. Hier ist aber ein Volk, mitten unter uns, das eine geordnete, musterhafte Staatsverfassung, das gute, vernünftige, humane Gesetze, eine reine Religion, einen erhabenen Kultus, edle Sitten, die einzig richtige Moral und eine grosse, herrliche Litteratur besass, zu einer Zeit, wo unsere Voreltern noch in Höhlen oder Pfahlbauten wohnten, und im Kampfe mit wilden Thieren selbst ein halbthierisches Dasein führten. Und diese alte Kultur, dieser reine Glaube, diese herrliche Moral sind diesem Volke nicht zu einer Vergangenheit geworden, mit der spätere Schicksale und eine neue Civilisation jeden Zusammenhang zerrissen haben, sie sind keine interessanten Antiquitäten geworden, oft nur mit dem Reiz der Rarität, wie die Religion des Inkas, wie die altgermanische Götterwelt der Edda oder der Perun und die Lada der alten Slaven, nein, der Strom ihrer Bildung geht ununterbrochen, nur immer breiter und mächtiger durch die Jahrhunderte von Palästina an, durch die Blüthezeit griechischer Kunst und römischen Staatswesens, durch das finstere Mittelalter mit seinem grossen Kampfe der Kaiser gegen die Päpste, durch die kirchliche Revolution Luther's und die Umwälzung von 1789 hindurch bis in unsere Tage.

Das Volk Israel ist aber nicht nur das älteste Kulturvolk, sondern auch heute in Europa mitten unter gebildeten Völkern, die eine hohe Stufe der Gesittung erreicht haben, das gebildetste, jenes, das den reinsten Gottesglauben, die beste Moral, die mildesten Sitten besitzt und auf allen Gebieten menschlichen Wissens die regste Thätigkeit entwickelt.

Die alte Kultur ist nicht ohne Einfluss auf seine physische Natur geblieben. Durch Jahrtausende mit grossen Ideen, erhabenen Empfindungen, edlen Gesinnungen und guten, menschlichen Sitten vertraut, hat es die thierischen Instinkte, die barbarischen Atavismen, weit mehr überwunden, als jedes andere und übertrifft alle an Humanität, das ist an Friedensliebe, Abscheu vor Gewaltthat und Blutvergiessen, Sittlichkeit und Nächstenliebe.

Dies beweist die europäische Statistik und gegen die Sprache der Zahlen gibt es keine Einwendung. Der Hass anderer Völker gegen das Volk Israel's ist also nichts anderes, als der Hass des Indianers gegen den Trapper, der Hass des Wilden gegen civilisirte Menschen.

Nie hat ein wahrhaft gebildeter Geist, ein wahrhaft edles Herz, ein wahrhaft reiner Charakter die Juden gehasst oder verfolgt, im Gegentheil, die erleuchteten Männer aller Zeiten, aller Nationen haben sie vertheidigt und beschützt.

Diese Auserwählten liebten und lieben die Juden aus verschiedenen Gründen.

Zuerst, weil in dem jüdischen Volke, wie in keinem anderen, der *Familiensinn* lebendig ist, welcher die wichtigste Grundlage einer gesunden, sittlichen, politischen und sozialen Entwickelung ist.

In unseren Tagen wird viel und von verschiedenen Seiten gegen die Familie agitirt; in Deutschland sind es die Sozialisten und die Poeten der freien Bühne, in Frankreich die Kommunisten und die naturalistische Schule, im Osten die Nihilisten, welche ihr den Untergang geschworen haben.

Alle diese Feinde der Familie sind in dem merkwürdigen Irrthum befangen, dass die Ehe, die Familie, eine rein jüdisch-christliche Einrichtung ist und gegen die Gesetze der Natur verstösst.

Die Natur kennt allerdings in Bezug auf das Verhältniss von Mann und Weib nur ein Ziel: Die Erhaltung der Gattung.

Es sieht so aus, als ob ihr die Eltern gleichgiltig, die Kinder alles wären. Um die Gattung zu erhalten, hat sie den Eltern den Trieb gegeben die Kinder gross zu ziehen, bis sie sich selbst erhalten können.

Wir sehen in Folge dessen bei den Thieren, dass die Gatten mit wenigen Ausnahmen so lange beisammen bleiben, bis die Jungen gross gezogen sind.

Für die Menschen galt wohl im Urzustand ausschliesslich dasselbe Naturgesetz.

Da aber kein Thier so viel Zeit zu seiner Entwickelung braucht wie der Mensch, welcher – sogar im Naturzustand – nicht vor dem zehnten Jahre im Stande ist, selbst seine Nahrung zu suchen, so musste es geschehen, dass, während das erste Kind langsam heranwuchs, ein zweites, drittes und viertes folgte, und so der Trieb, die Pflicht ihre Kinder aufzuziehen, die Eltern gebieterisch zwang bis in ihr Alter zusammen zu bleiben.

Auf diese Weise entstand die Ehe, die Familie, nicht durch religiöse Satzungen oder politische Gesetze, sondern ausschliesslich infolge eines Naturtriebes und vollständig den allgemeinen Naturgesetzen entsprechend.

Wer gegen die Familie ist, ist also nicht allein gegen die Religion und die Moral, sondern vor allem gegen die Natur, und jenes Volk, wo Mann und Weib die Ehe scheuen und der Pflicht, Kinder zu erziehen aus dem Wege gehen, sündigt gegen die Natur und befindet sich in der Phase des Verfalls und der Auflösung.

Dass das israelitische Volk, als das älteste Kulturvolk den Sinn für Ehe und Familie am kräftigsten bewahrt hat, dass Ehelose in demselben eine seltene Ausnahme bilden, dass es mit Kindern reicher gesegnet ist, als jedes andre, dass in ihm die Liebe zwischen den Gatten, die Liebe der Eltern zu ihren Kindern und der Kinder zu ihren Eltern so lebendig ist, beweist, dass die Kultur, welche es besitzt, die geistigen Vorzüge nicht auf Kosten der physischen entwickelt hat, dass sie, statt den Verfall der jüdischen Rasse herbeizuführen, dieselbe in einem blühenden Zustand erhalten hat, somit, dass diese Kultur eine gesunde und naturgemässe ist.

Ein zweites Moment des jüdischen Wesens, das ihm die Herzen gewinnt, ist das *Mitleid.*

Schopenhauer, der Philosoph des Pessimismus, sieht im Mitleid die edelste, schönste Blüthe des Menschenthums, die Ueberwindung des Willens, der Selbstsucht.

Diese schönste Blüthe der Menschennatur, sie treibt nirgends so reich wie an dem jüdischen Stamm, in keinem Volke ist das höchste Moralgesetz, das Gesetz der Nächstenliebe so lebendig wie in dem israelitischen.

Als die Judenbill im englischen Oberhause diskutirt wurde, fragte ein Mitglied des Hauses den Erzbischof von Canterbury, den Primas der englischen Hofkirche: Ist es wahr, dass die Juden eine andere Moral haben als die Christen?

Da erwiderte der erleuchtete Oberhirt: Die Juden haben dieselbe Moral wie wir, der Unterschied besteht nur darin, dass sie dieselbe befolgen und wir nicht.

Kein Volk ist so mitleidig, so wohlthätig wie das jüdische, und es fragt nicht erst lange, ob der Unglückliche die Hülfe auch verdient, es fragt auch nicht, welchem Volke oder Glauben er angehört. Der Jude sieht in dem Hilfsbedürftigen einen Menschen, einen Bruder und hilft ihm, er kleidet den Blossen, speist den Hungrigen und pflegt den Kranken.

Der Jude ist so glücklich, wenn er helfen kann, dass der jüdische Bettler gar nicht gewohnt ist zu bitten, er verlangt und ist stolz auf seine Armuth, denn indem er dem Wohlhabenden Gelegenheit gibt ein gutes Werk zu verrichten, baut er ihm eine Stufe in das Himmelreich, welche die Frommen sicherer dahin führt als Gebet und strenge Befolgung der rituellen Vorschriften.

Eine weitere Tugend des jüdischen Stammes, welche derselbe aus seinen ältesten Wohnsitzen mitgebracht und unter allen Verhältnissen bewahrt hat, ist die *Achtung vor dem Geiste und dem Wissen.*

Der Jude als wahrhaft gebildeter Mensch, den die Bildung von allem Erbtheil einer finsteren Zeit freimacht und bei dem sie die ganze physische Konstitution verändert und verfeinert hat, verabscheut den Krieg und alles was damit zusammenhängt. Der Kampf mit geistigen Waffen sagt ihm besser zu und mit Recht, denn hier muss, welcher Theil auch Sieger bleibt, das Ganze, die Menschheit, immer gewinnen, während dort die Menschheit sich geschädigt, gestört in ihren friedlichen Fortschritten unterbrochen sieht, gleichgiltig wer die blutigen Lorbeeren davon trägt.

Mit dieser Achtung vor dem Geiste, vor dem Wissen geht Hand in Hand die Liebe zur Freiheit und zum Fortschritt. Diese grosse, jüdische

Eigenschaft hat das Volk Israel zu einer ganz besonderen für die ganze Menschheit segensreichen Rolle berufen. Zerstreut über den ganzen Erdboden sind die Juden doch ein Volk, eine grosse Gemeinde geblieben, und so wurden sie gleichsam die elektrischen Drähte, auf denen die neuen Ideen und Tendenzen durch die Welt liefen, zugleich aber, gewohnt in den Juden eines fernen Landes ebenso gut einen Bruder zu sehen wie in jenem, der Thüre an Thüre mit ihnen wohnte, wurden sie erst unbewusst, dann mehr und mehr mit der edelsten Absicht die Träger des Kosmopolitismus.

Wenn die andren Völker von ihren nationalen Interessen beherrscht und eingeengt wurden, blickte der Jude frei über die Grenzpfähle hinweg und fühlte sich vor allem als Mensch. Sein Gesichtskreis war jederzeit ein weiter, er umfasste die ganze gebildete Welt, ja, darüber hinaus die Menschheit, und wenn die Andren sich befehdeten, beraubten, mit Feuer und Schwert verfolgten, so erinnerte sie der Jude an jene höheren, grösseren Ziele und Interessen, welche Allen gemeinsam sind und Allen Segen bringen, während das Schwert dem Sieger ebenso gut Wunden schlägt wie dem Besiegten.

Eine wahrhafte Geschichte der europäischen Zivilisation, nach den einzig richtigen naturwissenschaftlichen Prinzipien eines Thomas Buckle ist noch nicht geschrieben; wenn wir sie eines Tages haben werden, wird sie zugleich eine ruhmreiche Geschichte des jüdischen Namens sein.

Indem ich es unternommen habe, die Juden in den verschiedenen europäischen Ländern in einer Reihe kleiner Erzählungen vorzuführen, hat sich von selbst eine Geschichte des jüdischen Volkes daraus ergeben.

Wir sehen in den östlichen Ländern die Juden vielfach auf einer Stufe, die nicht weit von jener entfernt ist, die sie im Mittelalter einnahmen, ja manchmal sogar an biblische Verhältnisse erinnert, man sieht noch die Herrschaft des Aberglaubens, den Kampf, den erleuchtete Geister gegen denselben führen, und langsam gegen Westen ziehend, verfolgen wir die Fortschritte des Judenthums im Laufe der Jahrhunderte, bis wir dasselbe in den westlichen Landen auf dem Höhepunkt der Freiheit und der Gesittung finden, gleichberechtigt im Staate wie in der Gesellschaft, und infolge der errungenen Rechte doppelt eifrig in der Erfüllung aller nationalen und patriotischen Pflichten.

Zugleich mit dieser Kulturgeschichte des jüdischen Volkes ziehen die Sitten, die religiösen Lehren und Meinungen, die mit dem Glauben und den Schicksalen Israels eng verbundenen, jährlich wiederkehrenden Feste vorüber, und so fügt sich Bild zum Bilde und hilft das grosse Gemälde vollenden, das ein Denkmal sein soll für Israel, seine Kämpfe und Leiden, seine Befreiung und Erhebung.

Leopold von Sacher-Masoch.

Bessure towe.

Bessure towe.

– GALIZIEN. –

Der Prosteck. – Cheder. – Chassidim. – Masser.

Herz Maisel galt bei den Chassidim, den Zeloten, die in Sadagora herrschten, als Prosteck. Es ist dies nicht etwa ein Mensch, der die Gesetze verletzt, aber ein Simpel, der die Welt nicht versteht und deshalb stets an der Schattenseite stehen bleibt. Und doch hatten ihn die Chassidim sorgsam beschützt, als er zur Welt kam und während er sich die Kinderschuhe ablief, sie hatten Alles gethan, um sein Glück auf Erden und im Himmel zu sichern.

Kaum war Herz geboren, gab der Zadik, der weise wunderthätige Rabbi der Chassidim, dem Himmel und Hölle gehorchten, seinem Vater einen Zettel. Sein Vater hatte einen besonderen Eifer entwickelt, dem Zadik die Lulka (Pfeife) zu stopfen, er hatte also ein Anrecht auf diesen Zettel, welcher den Neugeborenen während der ersten acht Tage beschützen sollte.

In dieser Zeit umschwärmt nämlich Lillith, die schöne Teufelin, das Haus im Bunde mit ihrem Gefolge von vierhundert und achtzig unreinen Geistern. Der Pergamentstreifen mit den Namen der drei Engel Senoï, Sansenoi und Sammangelef an den Thürpfosten genagelt, beschirmte den kleinen Herz vor dieser Vorhut des höllischen Heeres.

Nun rückten aber andere Dämonen an, zu Tausenden, zu Millionen. Wieder ging der Vater zum Zadik, und diesmal brachte er einen ganzen Stoss kleiner Zettel mit, sorgsam in sein rothes Schnupftuch gewickelt. Auf diesen Zettelchen standen die Namen der Erzväter und Erzmütter, der Propheten und der grossen Talmudisten und Zadikim und noch verschiedene kräftige Stellen aus der heiligen Schrift und dem Talmud.

Es galt nun dieselben richtig zu vertheilen. Abraham, Isaak und Jakob wurden rechts vom Kinde postirt, Sarah, Rebekka, Lea und Rachel links, Moses und der grosse Bescht, der Begründer des Chassidismus, kamen unter den Kopfpolster. Mit den übrigen Zettelchen wurden die Fenster, die Schlüssellöcher, der Rauchfang und die Ritzen in der Mauer besetzt.

An die Thüre kamen die Namen der Engel Jehoel, Michael und Sangsagael, welcher der Lehrer des Moses war und die Stelle aus dem Psalm 55: »Er erlöst mein Leben, dass sie sich mir nicht nahen können.«

Trotzdem wollte der kleine Herz kein kaballistisches Genie werden, ja er lernte in der Cheder nur mit Mühe hebräisch lesen. Aleph und Beth waren für ihn zwei Dämonen, die ihn quälten, er verwechselte sie unausgesetzt, und der Melamed (Lehrer) verschwendete vergeblich alle seine Geduld an ihn, wenn der Unglückliche vor dem Sidur (Gebetbuch) sass. Vergeblich zeigte er ihm immer wieder die Buchstaben mit dem Deutel (Stäbchen), vergeblich versprach die hübsche, dunkeläugige Rebezin (Frau des Lehrers) dem Chederjüngel Kuchen und Obst. Die Hühner, welche in dem Schulzimmer umherliefen und gackerten, beschäftigten ihn mehr als die Hieroglyphen, welche er entziffern sollte. Da sagte der Melamed: »Höre, Herz, sobald Du Aleph und Beth kannst, wird Dir ein Engel von der Decke einen Groschen herabwerfen.«

Das verstand der Bocher (Junge) und blickte nun mit Eifer statt nach dem Buche, nach der Decke der Stube und erwartete den Groschen mit offenem Munde. Der Melamed griff nun zu einem drastischeren Mittel, er griff in die grosse Dose, die auf dem Tisch stand, schob dem kleinen Herz eine Prise Schnupftabak in die Nase und jagte ihn unter den Tisch, wo schon zwei andere Jüngel dieselbe Strafe erduldeten. Jedesmal, wenn unten ein verzweifeltes Niesen ertönte, rief der Melamed: Zur Gesundheit! und die ganze Cheder rief mit ihm: zur Gesundheit!

Doch Herz begriff noch immer nichts. Es währte lange Zeit, ehe er das Alphabet erlernt hatte und der Melamed erklärte eines Tages, dass er keinen Kopf zum Lernen habe und schickte ihn aus der Schule fort.

So kam es, dass Herz im Geschäft seines Vaters mitzuhelfen begann, dass der Zadik seine mächtige Hand von ihm zurückzog und dass er ein Prosteck wurde.

Als echter Prosteck nahm er ein Weib ohne Mitgift, setzte ein Dutzend Kinder in die Welt und kämpfte bei allem Fleiss, allem Geschäftsgeist, den er besass, sein Leben lang mit Noth und Elend.

Es kümmerte ihn wenig, dass die Chassidim ihn einen Chamer (Esel) und einen Schlemil (ungeschickten, unglücklichen Menschen) nannten, wusste er sich doch keines Chilul hasthem (Vergehen gegen Gott oder das Gesetz) schuldig, konnte er denn dafür, dass sich Riceh (Teufel) und Dalles (Elend) bei ihm ein Stelldichein gegeben hatten?

Er wohnte mit seiner Familie in einem kleinen Hause, dessen Mauern von aussen mit Balken gestützt waren. Eine grosse Stube war durch einen Kreidestrich abgetheilt, wie die Staaten auf der Karte durch farbige Grenzen von einander geschieden sind. Auf einer Seite wohnte Herz mit seiner Frau Jüdke, seiner erwachsenen Tochter Riffke und seinen anderen Kindern, jenseits des Striches hauste der Schneider Saduel Pjetruschka mit seiner alten Mutter, seinem Sohne Gideon und seinem Schwager, dem Talmudisten Reb Isaschar.

Herz ertrug alles geduldig, die Grenzstreitigkeiten mit Saduel, den Rauch, mit dem der Ofen die Stube füllte, den Regen, der zu Zeiten durch die Decke herabtropfte, die kärgliche Nahrung, den Mangel an Kleidern, alles, nur eines schmerzte ihn, dass er für seine Riffke, die so hübsch und klug war, keinen Mann fand und dass sie immer so »verschmuddelt« (vernachlässigt) herumging.

Er hätte sie so gern wie eine Prinzessin oder doch mindestens wie eine Schlachtzizenfrau angezogen.

Doch Riffke verlor deshalb ihre gute Laune nicht. Sie sang den ganzen Tag, denn sie konnte nicht arbeiten ohne zu singen und sie arbeitete den ganzen Tag. Während sie ihre grobe Wäsche nähte, sass jenseits der Grenze Gideon auf seinem Tisch da wie ein Pascha mit gekreuzten Beinen und liess gleichfalls die Nadel fliegen, nur dass es prächtige Stoffe waren, Seide, Sammt, türkische Gewebe, die er zu Kunstwerken der Toilette vereinte.

Allmählig begannen die jungen Leute ein Wort, eine Phrase zu wechseln, und endlich fing Gideon an mit Riffke zu wetteifern. Sobald sie ihren Gesang unterbrach, begann er zu erzählen und gab als wahre Geschichten zum Besten, was er in den abgegriffenen Bänden der Leihbibliothek zusammengelesen hatte, heute den Grafen von Monte-Christo, morgen die Kapitänstochter, übermorgen die Geisterseher.

Und jedesmal, wenn irgend eine reiche Robe, eine prächtige Kazabaika, ein königlicher Mantel fertig war, lud er Riffke ein, das Kunstwerk zu probiren, und dann hoben alle die Köpfe um sie zu bewundern, und sogar Reb Isaschar vergass für einen Augenblick seinen Talmud.

»Wissen Sie etwas, Herz?« sagte dieser einmal plötzlich in der Nacht, als Alle bereits zu Bette waren.

»Was? Ich weiss nichts.«

»Sie müssen versuchen Ihr Glück, um zu bekommen eine Mitgift für Ihre Riffke.«

»Kann ich dafür,« rief Herz, »dass ich habe Unglück in Allem? Wenn Jemand etwas Dummes thut in Sadagora, muss ich es gewesen sein, und thut Jemand etwas Schlechtes, ist es wieder Herz Maisel, der Bösewicht, gewesen. Soll ich denn das Kaporehändl sein für alle?«

»Sie haben recht, Herz,« gab der Alte zur Antwort, »und so will ich Ihnen geben einen guten Rath. Heute ist die Hoschana-Raba-Nacht, wo ein Jeder kann sein Schicksal befragen. Stehen Sie auf, wir wollen suchen drei Nummern im Talmud. Geben Sie mir das Buch.«

Herz brachte das Buch, und Reb Isaschar, ohne sein elendes Lager zu verlassen, die Augen geschlossen, schlug es auf.

»Sehen Sie die Seite nach.«

»Es ist einunddreissig.«

»Schreiben Sie einunddreissig.« Wieder schlug der Alte den Talmud auf.

»Und jetzt?«

»Sieben.«

»Schreiben Sie sieben, und jetzt?«

»Fünfundachtzig.«

»Schreiben Sie fünfundachtzig! Jetzt haben Sie drei Nummern 31, 7, 85. Diese Nummern setzen Sie morgen in die Lotterie, secco terno und setzen zehn Gulden darauf.«

»Wo hab' ich zehn Gulden?«

»Sie müssen leihen zehn Gulden, Herz, es muss geliehenes Geld sein, das bringt Glück.«

Herz Maisel ging am Morgen über Land, brachte der Edelfrau Bistonizka verschiedene Gegenstände, die sie bestellt hatte und bat sie ihm zehn Gulden zu leihen. Mit diesen zehn Gulden ging er in die Lotteriekollektion und setzte die drei Nummern, die ihm der Talmud gegeben. Dann ging er auf den Friedhof auf das Grab seines Vaters, um zu beten.

―――――――――

Am nächsten Sonntag, als beide Familien gerade den Mittagstisch deckten, kam Reb Isaschar feierlich herein, die Zobelmütze kühn wie ein Kosak auf dem Kopfe. Sein gutes Gesicht strahlte wie eine Sonne aus Lebkuchen. »Bessure towe« (Gute Nachricht!) rief er, »Bessure towe!«

»Was ist geschehen?« fragten alle zugleich.

»Welch' ein Massel! (Glück!) Soll noch einer sagen, dass der Herz ist ein Schlemil.«

»Reden Sie doch, Reb Isaschar.«

―――――――――

»Ich rede ja immerfort. Also – aber setzen Sie sich Herz, sonst fallen Sie um.«

Herz setzte sich.

»Hören Sie, Herz. Bessure towe! Sie haben gewonnen, Herz! Das grosse Terno haben Sie gemacht, Herz, 48,000 Gulden haben Sie gewonnen, Herz!«

Herz blieb wie versteinert auf seinem Stuhle sitzen.

»Hören Sie, Herz, 48,000 Gulden!«

Das erste Wort, welches Herz aussprach, war »Riffke!«, dann fügte er nach einiger Zeit hinzu: »Jetzt sollst Du haben einen Mann, mein Kind, jeden, den Du willst.«

Dann stand er auf, ging langsam bis zu der Wand und, das Gesicht gegen diese gekehrt, begann er laut zu beten und zu schluchzen.

―――――――――

Als man sich etwas von dem Schrecken erholt hatte, denn eine grosse Freude zermalmt uns ebenso wie ein grosses Unglück, sagte Herz: »Nun, vor allem will ich geben Masser und dann erst soll Riffke einen Mann haben.«

»Wenn Sie wollen geben Masser«, sagte Reb Isaschar, »das macht 4800 Gulden nach dem Gesetz.«

»So will ich geben die 4800 Gulden dem Saduel Pjetruschka«, sagte Herz, »es ist besser zu helfen einem braven Menschen, als vielen geben eine Kleinigkeit, das kann keinem dienen.«

Saduel sah Herz erstaunt an, dann nahm er ihn um den Hals und küsste ihn.

»Danken Sie mir nicht«, sagte Herz, »es geschieht um meinetwillen. Und Riffke? Hast Du etwa schon einen Bocher gefunden, der Dir gefällt? Sprich, mein Kind, Du sollst ihn haben.«

»So will ich Gideon«, sagte sie rasch, »wenn er mich nämlich will.«

Gideon lächelte verlegen und reichte ihr die Hand. »Sagen Sie mir, Riffke«, flüsterte er, »ist das alles ein Traum oder ist es wahr?«

Lewana.

– TÜRKEI. –

Das Mondheiligen. – Befreiung aus der Sklaverei.

In einer jener engen dunklen Strassen des alten Belgrad, die zugleich ein Bazar, ein Paradies Muhameds und ein Schlupfwinkel des Verbrechens sind, befand sich ein kleines Kaffeehaus, das von einer Italienerin, Frau Peregrino, gehalten wurde. Hier sass eines Abends ein junger Mann in ein Wiener Journal vertieft, während ringsum Geschäfte aller Art verhandelt wurden und im Hinterzimmer Zigeuner ihre wilden Weisen spielten, gluthäugige Zigeunerinnen die Tambourine schwangen und tanzten.

Plötzlich legte ihm die Wirthin die Hand auf die Schulter und flüsterte: »Sie sind immer so traurig, Herr Bukarest, was haben Sie denn eigentlich?«

»Ich möchte fort«, gab er zur Antwort.

»Weil Sie das Mädchen, das Sie lieben, nicht bekommen können.«

Nahum Bukarest zuckte die Achseln. »Mein Oheim ist Kaufmann in Konstantinopel«, sagte er, »ich will zu ihm reisen. Können Sie mir sagen, wie ich am billigsten hinkomme.«

»Oh! das trifft sich sehr gut«, erwiderte die Wirthin, »hier ist eine Dame, die Sie schon mehrmals gesehen hat und Gefallen an Ihnen findet. Ihr Vater ist Kapitän, er wird Sie auf sein Schiff nehmen. Kommen Sie.«

Frau Peregrino führte den jungen, hübschen Israeliten in ein kleines Kabinet, in dem nur ein türkischer Divan stand. Auf diesem sass ein schönes Weib in halborientalischer Tracht und begrüsste Nahum mit einem koketten Lächeln. Die Wirthin sprach von seinen Plänen und liess ihn dann mit der schlanken Schönen allein. Diese zog ihn zu sich auf die schwellenden Kissen, und während sie heiter plauderte, fühlte Nahum mehr und mehr die Macht ihrer fremdartigen Reize und befand sich endlich in einer Art von Opiumrausch, von anmuthig phantastischen Bildern umgaukelt.

Es wurde abgemacht, dass er mit Varsava, so hiess die Fremde, und ihrem Vater, dem griechischen Kapitän Trifoniades, nach dem goldenen Horn segeln sollte, und als die Schöne das Kaffeehaus verliess und Nahum sie begleitete, schlang sie plötzlich auf der dunklen Strasse die Arme um seinen Hals und küsste ihn.

Am folgenden Abend erschien der Kapitän in demselben Kaffeehaus und vereinbarte mit Nahum das Reisegeld. Es war in der That sehr wenig, was er verlangte, so dass Nahum von der Summe, die er zur Verfügung hatte, noch einen beträchtlichen Theil in seiner Tasche behalten konnte.

Er fand diesmal Varsava in dem kleinen Kabinet in Gesellschaft von drei jungen bildhübschen Mädchen, von denen zwei Ungarinnen waren, während die Dritte aus Serbien stammte. Varsava hatte ihnen gute Stellen in Konstantinopel zugesichert. Die eine sollte in einem Konfektionsgeschäft, die zweite als Kassiererin in einem Kaffee, die dritte als Kammerjungfer bei einer österreichischen Gräfin eintreten.

»Sehen Sie, mein Freund,« rief Varsava, »was Sie für eine reizende Reisegesellschaft haben werden. Ich fürchte, dass Sie mir untreu werden.«

Nahum erröthete und Varsava gab ihm einen leichten Schlag mit der Hand, der beiläufig sagen wollte: Oh! ich bin Deiner vollkommen sicher.

Zwei Tage später bestiegen alle zusammen das Schiff des Kapitän Trifoniades und fuhren die Donau hinab. Varsava beschäftigte sich viel mit Nahum. Sie wechselte Blicke mit ihm, welche ihm die kühnsten Hoffnungen erweckten und erlaubte sich eine Reihe kleiner Vertraulichkeiten, welche den jungen, unerfahrenen Mann mit unsichtbaren magischen Schlingen umgaben.

Es wurde Abend, als sie die Donaumündung verliessen. Mitten in der Nacht, im offenen Meer, steuerte ein anderes Schiff auf sie zu. Die beiden Kapitäne wechselten Zeichen, dann legten sich ihre Fahrzeuge gegen einander, und der Grieche hiess Nahum und die drei Mädchen auf das fremde Schiff übersteigen.

»Weshalb?« fragte Nahum erstaunt, »Was soll denn dies bedeuten?«

»Fragen Sie nicht erst lange,« rief Varsava, »kommen Sie.«

Sie ging voran über die Brücke, die man von Bord zu Bord gelegt hatte und die Anderen folgten.

Während der Grieche weitersegelte, gab die seltsame Schöne Nahum einen Wink ihr zu folgen und führte ihn in eine geräumige Kajüte, die einem kleinen Harem glich, mit ihren türkischen Divans, ihren persischen Teppichen und ihren weichen Pantherfellen. Varsava streckte sich auf den goldgestickten Kissen aus, betrachtete den immer mehr verwunderten Nahum mit einem spöttischen Lächeln und sprach: »Jetzt bist Du mein.«

Zugleich rauschte der Teppich, welcher den Eingang schloss, und ein kräftiger hübscher Mann, in armenischer Tracht trat ein. Er stemmte die Arme in die Seiten und lachte, dann stiess er einen leisen Pfiff aus, und sofort drangen zwei Neger in die Kajüte, ergriffen Nahum, warfen ihn zu Boden und fesselten ihn.

»Du hast einen guten Fang gemacht«, sagte der Armenier, »die Mädchen sind jung und schön, sie werden jedem Harem zur Zierde gereichen, was willst Du aber mit diesem hier beginnen?« Er deutete auf Nahum.

»Wir werden ihn in Kleinasien verkaufen«, erwiderte Varsava, »weisse Sklaven sind heute eine Seltenheit, es findet sich leicht ein Liebhaber für solche Waare.«

Die Neger hoben jetzt den armen Nahum wie einen Sack auf, trugen ihn hinaus und warfen ihn in einen dunklen Winkel, in dem Taue und Tonnen lagen.

»Sagt mir doch, wo bin ich«, bat Nahum die Matrosen, »wer ist der Mann, dem das Schiff gehört?«

»Der Herr heisst Sahag und ist ein armenischer Sklavenhändler.«

»Und Varsava?«

»Das ist seine Frau. Sie ist schlau wie eine Schlange und geschickt im Vogelfang wie keine zweite. Du bist nicht der erste, den sie liefert. Sie versteht sich auf Menschenwaare und auf den Sklavenhandel.«

Nahum fragte nicht weiter. Er sank zurück auf die Schiffstaue und presste seine heisse Stirn gegen die feuchte Holzwand.

Sahag landete in einem kleinen Hafen an der Küste von Kleinasien. Die vier Opfer wurden jetzt geknebelt, in Säcke gesteckt und mit anderen Waaren auf einen Wagen geladen. In dem von hohen Mauern umgebenen kleinen Hofe des Hauses, das dem Armenier gehörte, befreite man sie von ihren Fesseln.

»Meine Lieben«, sprach Varsava zu den Mädchen, die furchtsam vor ihr standen, »Euch steht ein grosses Glück bevor, bald wird Euch Glück und Reichthum umgeben, aber vorher müsst Ihr erst eine Schule bei mir durchmachen, ich werde Euch die Kunst lehren Eurem künftigen Herrn stets zu gefallen und ihn zu fesseln. Und Du«, – wendete sie sich an Nahum – »Du musst erst Gehorsam und Demuth lernen. Ich gebe Dir deshalb einen guten Rath. Ergieb Dich ruhig in Dein Schicksal. Du wirst an Sahag einen trefflichen Lehrmeister haben, wenn Du Dich aber wiederspenstig zeigen solltest ...«

»Dann gibt es Mittel«, sagte der Armenier ruhig, »die noch jeden zahm gemacht haben.« Er nahm die grosse Sklavenpeitsche vom Nagel und liess sie knallen, während die schöne Verrätherin in ein lautes brutales Gelächter ausbrach.

Nahum senkte stumm das Haupt und ergab sich. Sahag liess ihn verschiedene Arbeiten im Hause und Garten verrichten. Er zeigte sich willig und gelehrig, so dass der Armenier mit ihm ausnehmend zufrieden war und keinen Anstand nahm, ihn schon einen Monat später einer reichen Wittwe vorzuführen, welche zu ihm kam, um einen Sklaven zu kaufen.

Nahum blickte scheu von der Seite auf die mittelgrosse schlanke Gestalt, die in einem blauen, goldgestickten Burnus vor ihm stand und deren schwarze Augen ihn aus dem dichten Schleier hervor neugierig musterten.

»Das ist ein Prachtstück«, sprach Sahag, indem er Nahum auf die Schulter klopfte, »jung, kräftig, aus gutem Hause, unterrichtet und gelehrig. Sie werden einen vorzüglichen Diener an ihm haben, Zamira Ben Oporte, und solch' ein Gesicht zu sehen, ist auch angenehmer als das eines Negers.«

Zamira erwiderte nichts, sondern begnügte sich die angebotene Waare zu prüfen. Sie untersuchte den Arm, sie besah, wie bei einem Pferde, die Zähne und klopfte auf Nahum's Brust. Endlich nickte sie und verlangte den Preis zu wissen. Nach langem Handeln wurden sie einig. Die Wittwe bezahlte, und eine Stunde später wurde der neue Sklave in ihrem Hause abgeliefert.

Zamira war die Wittwe eines reichen Kaufherrn. Sie handelte mit orientalischen Stoffen, Pantoffeln, Schmuckgegenständen, Pfeifen und Waffen, und besass drei Schiffe, die abwechselnd auf dem schwarzen Meer, dem Mittelmeer und nach Indien segelten.

Es machte sie von Anfang ungeduldig, dass Nahum nur wenig arabisch verstand, sie wollte ihn in ihrem Kaufladen beschäftigen und musste sich vorläufig damit begnügen, ihn den Lastträgern beizugesellen, welche die Waarenballen in ihrem Hause abluden und in den Magazinen aufstapelten.

Es regte sich jedoch noch eine Empfindung in dem stolzen Herzen des schönen Weibes, welche Zamira gegen Nahum aufbrachte. Sie war böse auf sich selbst, weil sie mehr und mehr an ihrem Sklaven ein Wohlgefallen fand, das ihr unwürdig und verächtlich erschien.

Und er? Er hatte nur einmal ihre schlanke, elastische Gestalt, ihr edles, feingeschnittenes Gesicht unverhüllt gesehen, und seitdem gehörte er ihr, auch ohne dass sie ihn gekauft hätte, seine Phantasie beschäftigte sich Tag und Nacht mit ihr, und ihre Nähe versetzte ihn jedesmal in eine unbeschreibliche Verwirrung.

Eines Tages rief ihn Zamira in ihr Gemach und kündigte ihm an, dass er fortan im Hause zu bleiben und sie selbst zu bedienen habe. Nahum sah mit einem wollüstigen Schauer das schöne Weib, das in einem langen Pelz von grünem, silberdurchwirkten persischen Stoff in den rothseidenen Kissen ruhte und die schwarzen, bösen Augen auf ihn geheftet hatte. Sie befahl ihm, ihr die kleinen, goldgestickten Pantoffel anzuziehen und nachdem dies geschehen war, ihr den Kaffee zu bringen.

Nahum gehorchte, aber in seiner Verwirrung stolperte er auf dem Teppich und vergoss den duftenden Mokka.

»Du bist ungeschickt«, rief Zamira zornig, »man muss Dich zuerst abrichten, wie ich sehe.«

Sie erhob sich und ergriff die Peitsche, die stets für ungehorsame Sklaven bereit lag. Nahum warf sich vor ihr auf die Knie nieder und kreuzte die Arme auf der Brust, aber seine Demuth entwaffnete sie nicht. Zamira schwang die Peitsche und traf ihn wiederholt mit grausamer Energie.

Plötzlich warf sie dieselbe weg und hiess ihn gehen. Dann warf sie sich unmuthig in die Kissen zurück und nagte an den Nägeln ihrer kleinen Hand. Sie war unzufrieden mit sich selbst, sie schämte sich, während er die Stelle an seinem Arm küsste, wo ihn ihre Peitsche getroffen hatte.

An demselben Abend war der Mond in sein erstes Viertel eingetreten. Als es dunkel war, hüllte sich Zamira in Pelz und Schleier und ging hinaus in den Garten. Die schöne Lewana schwebte bereits an dem tiefblauen Himmel. Ihr holder tröstender Schimmer hatte auch Nahum herausgelockt. Er sass unter einem Oelbaume, vor ihm war ein kleiner Grasplatz mit Anemonen, Skabiosen und Schwertlilien bedeckt, weiter hinaus standen Orangen- und Zitronenbäume und schimmerte das Meer. Um ihn war die Stille der Nacht und der balsamische Duft des Orients. Nahum erinnerte sich der schönen Mythe, welche der Talmud erzählt.

»Als der Schöpfer die beiden Himmelslichter vollendet und eingesetzt hatte, näherte sich ihm der Mond und sprach: »Herr! es ist doch nicht schicklich, dass zwei Diener den gleichen Rang haben, lass mich um etwas grösser und leuchtender sein als die Sonne.« Das erzürnte Gott und er erwiderte: »Da Du Dich über Deinen Gesellen erheben willst, sollst Du vielmehr erniedrigt werden. Du sollst von nun an kleiner sein als er und Dein Licht soll dem seinen nachstehen.«

Der Mond erblich und ging bedrückt von dannen. Da erbarmte sich Gott seiner und gab ihm das funkelnde Heer der Sterne zur Gesellschaft.«

Der fromme Jude aber vergisst keinen Monat den Mond zu segnen, wenn dieser in seinem ersten Viertel steht und Nahum empfand hier in der Fremde, im Unglück, in der Sklaverei noch mehr das Bedürfniss dieser Pflicht zu genügen als daheim, im Kreise der Seinen.

Als Zamira sich der kleinen Wiese näherte, sah sie ihn mitten auf der Wiese stehen, dort wo ein Cypressengebüsch sie seinen Blicken verbarg. Sie hörte ihn den Segensspruch sprechen, den sie so lange nicht gehört: Gelobt sei der, der den Mond erneuert! Sie sah ihn dreimal gegen die leuchtende Sichel hüpfen und lauschte immer erregter den Worten, mit denen er diese Bewegung begleitete: »So wie ich gegen Dich hüpfe und Dich nicht berühren kann, sollen auch meine Feinde mir stets fern bleiben.« Während Nahum noch die Zipfel seines Kaftans schüttelte und ausrief: »Wie ich den Staub von mir schüttle, so sollen auch meine Hasser und die bösen Geister von mir weichen«, trat Zamira rasch aus dem Gebüsch.

Nahum erschrak und warf sich zu ihren Füssen nieder.

»Du bist ein Jude!« rief Zamira und da er keine Antwort gab, fuhr sie fort, »warum hast Du mir das verschwiegen? Auch ich bin eine Jüdin. Ich muss jedoch hier, wo nur Muhamedaner und Armenier wohnen, meinen Glauben verbergen. Vergieb mir, was ich Dir gethan. Ich will es gut machen, indem ich Dir die Freiheit schenke, und Dich mit dem nächsten Schiff zu den Deinen zurücksende.«

»Nein Herrin«, erwiderte Nahum, »das wäre eine Strafe, grausamer als die Peitsche. Lass mich bleiben, ich verlange nichts weiter, als immer Dein Sklave zu sein. Setz' Deinen Fuss auf meinen Nacken und erlaube mir ihn nur jedesmal zu küssen, wenn er mich getreten hat.«

Zamira sah ihn überrascht an. »Du hassest mich nicht?« fragte sie verwirrt.

»Wer könnte Dich hassen?«

»Gut, Du bleibst bei mir«, entschied sie mit einer stolzen Kopfbewegung, »aber nicht als mein Diener, das ginge nicht an.«

»Wie Du willst«, rief er, »schick mich nur nicht fort.«

Die schöne Wittwe begann leise zu lachen.

»Weisst Du, warum ich Dich geschlagen habe?« fragte sie schalkhaft. »Weil ich gegen mich aufgebracht war. Ich schämte mich meinen Sklaven zu lieben und einen Mann, der nicht meines Glaubens ist, dem ich niemals meine Hand reichen könnte.«

»Zamira! Ist es möglich!« stammelte Nahum.

Statt zu antworten legte sie ihm die Arme um den Hals, neigte sich zu ihm und küsste ihn.

Der Buchbinder von Hort.

– UNGARN. –

Das jüdische Handwerk. – Liebe zum Vaterland. – Wissensdrang. – Der Liebessekretär.

Wenn man von der Höhe hinter Esced in die ungarische Ebene hinausblickt, die sich hier vom Fusse der Matra bis Szolnok und weiter bis zur Theiss ergiesst, erblickt man mitten unter Weinbergen und Weizenfeldern eine grosse grüne Insel. Es ist weder ein Wald, noch ein Park, noch ein grosser Obstgarten, der uns so freundlich anlacht, sondern das stattliche Dorf Hort, dessen weisse Häuser sich hinter dem üppigen Blattwerk verbergen.

In diesem Dorfe lebte ein jüdischer Buchbinder, Namens Simcha Kalimann, welcher sich durch verschiedene Eigenheiten bemerkbar machte. Er war zugleich ein Orakel und eine lebende Chronik der Gegend, des ganzen Komitates.

In seinen Schicksalen spiegelten sich jene seines Volkes in Ungarn. Er stammte noch aus der Zeit, wo der Jude rechtlos war, er hatte damals manches ertragen müssen, manches erduldet und bewahrte mehr als eine tragikomische Geschichte aus jenen Tagen in dem Schatzkästlein seiner Erinnerungen auf. Dann war die grosse Bewegung der Geister gekommen, deren Grenzstein das berühmte Buch: »Licht« des Grafen Szechenyi bildet, den man den »grössten Ungar« nannte.

Die Revolution von 1848 brachte die neue ungarische Konstitution, das Ende des Feudalstaates. Das Licht drang auch in die finsteren Gassen des Ghetto, und durch die Fenster, die sich sonst nur beim Gewitter geöffnet hatten, den Messias zu empfangen, zog der Erlöser ein, der den fast zweitausend Jahre Verfolgten Freiheit und Gleichheit brachte. Und das arme furchtsame jüdische Herz verstand sofort die grosse Botschaft.

Der ungarische Jude hatte ein Vaterland gefunden, und an demselben Tage fand dieser ängstliche, bespöttelte Mensch auch den Muth, dieses Vaterland zu vertheidigen.

Tausende verliessen das Ghetto und schaarten sich um die ungarische Trikolore, unter ihnen auch Simcha Kalimann. Als einfacher Honved folgte er der Trommel Koszuth's und focht bei Kapolna, bei Waitzen und bei Temesvar.

Dem Aufschwung, der Begeisterung folgte die Niederlage, folgten schwere Jahre des Stillstandes, des Druckes, aber der Jude hatte seine Menschenrechte errungen, und er vergass nicht, wem er sie verdankte.

Als der Ausgleich Ungarn seinen König und seine Konstitution wiedergab, da gab es nirgends so viele jubelnde, glückliche Herzen, als im Ghetto. Diesmal zog die Freiheit nicht mit Schwerterklang ein, mit ihr kam der Friede, die Versöhnung.

Damals begannen die Juden die ungarische Sprache und ungarische Namen anzunehmen. Da diesmal mit den letzteren nicht jener schlimme Handel getrieben wurde, wie zur Zeit Joseph's II., wo sich die Beamten die Familien-Namen, welche die Juden annehmen mussten, je nach ihrer Schönheit theuer und theurer bezahlen liessen, da diesmal ein schöner Name nicht mehr kostete als ein hässlicher, so nahm Kalimann den schönsten, den er nach seinen Begriffen in der Geschichte fand und nannte sich Húniády Sándor.

Damals war es auch, wo er die Flinte und die Patronentasche ausgrub, die er nach der Kapitulation von Vilagós in seinem Garten verscharrt hatte, und seine Trophäen aus der Honvédzeit stolz über seinem Bette aufhing.

Wo Freiheit ist, herrscht auch der religiöse Friede. Die gegenseitige Achtung und Toleranz aber erzeugt wieder die Aufklärung und zerstört die Vorurtheile.

Húniády oder Kalimann galt in Hort als Freigeist, und doch war er fromm und beobachtete streng alle religiösen Vorschriften, aber er hatte sich von verschiedenen Gebräuchen losgemacht, die ihm weder in der Lehre begründet, noch mit dem Fortschritt vereinbar erschienen.

Er bedeckte sein Haupt nur im Tempel, er kümmerte sich wenig um die minutiösen Speisegesetze des Talmud, er zog sich an, wie alle anderen, er gestattete seiner Frau, das Haar wachsen zu lassen und verbot in seinem Hause strenge jede Art von Aberglauben.

Seine Erscheinung war durchaus nicht die eines Helden. Er war klein, hager, unansehnlich, hatte ein fahles Gesicht voll Sommersprossen, blondes Haar, einen blonden Schnurrbart und zwinkerte stets mit den kleinen grauen Augen. Kalimann war nämlich furchtbar kurzsichtig, und da er seine grosse Brille nur dann aus dem rothen Futteral hervorzog, wenn er an die Arbeit oder an das Lesen ging, so geschah es ihm zuweilen, dass er auf der Landstrasse einen Meilenzeiger für den Obergespan ansah und ehrfurchtsvoll grüsste, oder ohne von ihr Notiz zu nehmen an Frau Barkany, seiner besten Kundin, vorüberging, weil er sie in ihrem weissen Kleid für Wäsche ansah, die zum Trocknen vor dem Hause aufgehängt war.

Kalimann arbeitete allein, mit einem kleinen Lehrbuben, Hirsch, den er mehr aus Mitleid zu sich genommen hatte, denn er hielt sich für fähig, allein, ohne jede Hilfe, die gesammte europäische Litteratur einzubinden. Er arbeitete fleissig und gut, er verbrachte meist den ganzen Tag in der Werkstätte und, wenn es nöthig war, arbeitete er bis in die Nacht hinein bei einem elenden Talglicht und später bei einer kleinen Petroleumlampe.

Die Arbeit war sein Stolz und die Lektüre sein Glück. Wenn es in dieser einfachen, braven Existenz einen Schatten gab, so kam dieser ausschliesslich auf Rechnung der Frau Rachel Kalimann oder Rosa Húniády, wie sie sich jetzt gern nannte. Nicht dass diese stattliche, hübsche Frau, welche durch ihren Körperumfang für das Geschäft ihres Mannes Reklame zu machen schien, irgend welche bösen Eigenschaften an sich gehabt hätte, aber sie hatte absolut kein Verständniss für die geistigen Interessen ihres Gatten, für das was sie seine Grillen nannte.

Vergebens versuchte Kalimann ihr durch Stellen aus der Schrift oder dem Talmud zu imponiren, vergebens zitirte er das Buch Hiob, um den Werth der Weisheit zu erläutern: »Nicht wird geläutertes Gold für sie gegeben, und nicht wird Silber gewogen als ihr Kaufpreis. Nicht wird sie aufgewogen gegen Ophir's Schätze, gegen kostbaren Onyx und Saphir. Der Weisheit Schmelz ist mehr als der von Perlen.«

Frau Rosa erwiderte kurz und bündig: »Was kauf' ich mir für Deine Weisheit? kann ich mich von ihr nähren? kann ich sie anziehen? Nein. Folglich ist sie werthlos.«

Der gelehrte Buchbinder seufzte und schwieg, aber manchmal reizte ihn diese Verachtung seiner heiligsten Gefühle doch, und dann gab es einen Wortwechsel und Streit. Das Ende war aber immer eine Kapitulation Kalimann's, denn er liebte seine Frau gar zu sehr, um ihren Zorn lange ertragen zu können. Er suchte in der Regel Rosa zu täuschen, seine Freuden vor ihr zu verbergen.

Einmal entdeckte sie ihn Abends im Gänsestall, wohin er sich mit Shakespeares Hamlet und einer kleinen Laterne geflüchtet hatte, und nachdem sie ihm eine Strafpredigt gehalten hatte, zwang sie ihn sofort zu Bett zu gehen.

Kalimann gehorchte, aber nahm den Hamlet mit ins Bett. Doch kaum hatte er ein paar Verse gelesen, so erhob sich Rosa in ihrer ganzen Majestät und blies ihm das Licht aus.

Kalimann war verzweifelt, aber er wagte keinen Widerstand. In stummer Ergebung legte er sein Haupt auf den Kopfpolster und schnarchte bald mit Hirsch um die Wette. Nach einiger Zeit richtete er sich jedoch vorsichtig auf, und nachdem er sich überzeugt hatte, dass seine Frau schlief, nahm er leise sein Buch und seine Brille, schlich hinaus und las draussen auf der morschen Bank vor dem Hause, beim Licht des Mondes die Tragödie des Dänenprinzen zu Ende.

Ja, er liebte die Bücher zärtlich, leidenschaftlich, und da er nicht genug Geld hatte um sie zu kaufen, so las er jedes Buch, das ihm anvertraut wurde, ehe er dasselbe einband. Und da nicht er die Bücher wählte, die sich bei ihm in der Werkstatt ein Stelldichein gaben, da der Zufall ihm heute einen Roman, morgen ein medizinisches, übermorgen gar ein theologisches Werk in die Hand spielte, so las er alles durcheinander und es entstand in seinem armen Kopf ein unglaublicher Wirrwarr der mannigfachsten Kenntnisse und Anschauungen. Je besser ihm ein Buch gefiel, desto sicherer konnte der Eigenthümer sein, es erst nach langer Zeit und nach wiederholten Mahnungen zurück zu erhalten.

In Bezug auf den Einband hatte Kalimann seine Nuancen. Natürlich gab der Preis, den man ihm festsetzte, den Ausschlag in Bezug auf das Material, aber Farbe und Verzierung wählte er, unbeirrt durch die Wünsche und

Forderungen seiner Kunden, stets nach dem Inhalt und Wesen und dem Werth des Buches.

Wenn er die gebundenen Bücher ablieferte, brachte er dieselben stets in einem grossen farbigen Taschentuche eingeschlagen und benutzte die Gelegenheit um sein Urtheil abzugeben.

Manchmal hatte er jedoch Meinungen, die ihm gefährlich schienen, die er nicht auszusprechen wagte, und dann sagte er regelmässig: So lange man lebt, darf man nicht reden, und wenn man todt ist, kann man nicht reden.

Da war z. B. Frau Zoë Barkany, eine hübsche, reiche Jüdin, welche eigentlich Sarah Lämmel hiess. Von ihr erhielt er Werke der klassischen Litteratur und Romane zum Einbinden. Er nahm für den Deckel blau, grün oder roth und als Zierrath eine goldene Lyra oder ein von einem Pfeil durchbohrtes Herz.

Hier schwelgte er in Aesthetik und wagte manchmal Bemerkungen, welche an ritterliche Galanterie streiften, denn alle Heldinnen der Stücke und Romane, die er verschlang, nahmen für ihn die Gestalt und die Züge der hübschen Frau Barkany an.

Als er sie einmal im Garten traf, im weissen Kleide, die Guitarre im Arm, rief er aus: »Gott soll mich strafen! Die Prinzessin Eboli aus Don Carlos von Schiller!« Ein anderes Mal, wo sie eine Morgenjacke aus türkischem Stoff trug, verglich er sie mit der Rebekka aus Walter Scott's Ivanhoe.

Später wusste Frau Barkany schon, was der Buchbinder auf dem Herzen hatte, und rief jedesmal lachend: »Nicht wahr? die Esmeralda bin ich, oder bei der Herzogin haben Sie natürlich wieder an mich gedacht.«

Dem Notar band er juristische Werke ein, da entwickelte er jedes Mal seine eigenthümliche Rechtsphilosophie, beim Doktor stürzte er sich mit Eifer in eine medizinische, bei dem in Ruhestand versetzten Professor Harburg in eine historische oder geographische Diskussion. Und immer fand er einen originellen, nicht selten spasshaften Gesichtspunkt. So behauptete er steif und fest, schon Moses habe die Trichinen entdeckt und deshalb den Genuss des Schweinefleisches verboten.

Simcha Kalimann übte aber auch eine Art moralisches Richteramt aus. Frau Barkany gab ihm eines Tages Zola's »Nana« in der Budapester deutschen Ausgabe mit Illustrationen. In der Dämmerungsstunde ertappte er Hirsch, der sich im Winkel beim Fenster an den Bildern ergötzte. Er ergriff ihn beim Schopf, schüttelte ihn wie einen jungen Hund und begann dann in dem Buch zu blättern. Er schüttelte den Kopf, dann wischte er seine Brille ab, als traue er seinen Augen nicht und endlich klappte er das Buch zu.

Frau Barkany wartete lange Zeit geduldig auf ihre »Nana«, dann sendete sie ihre Köchin Gütel und bat um dasselbe, da aber Kalimann Ausflüchte gebrauchte und wieder ein paar Wochen vergingen, ohne dass Zola's Roman abgeliefert wurde, so erschien eines Tages die schöne Frau selbst in Kalimann's Hause.

»Ich möchte doch endlich meine »Nana« haben«, sagte sie.

»So?« Kalimann fuhr fort zu arbeiten.

»Haben Sie das Buch noch nicht gebunden?«

»Nein.«

»Wann kann ich es also haben?«

»Das Buch bekommen Sie nicht zurück, Frau Barkany.«

»Wie? Sie sind wohl nicht gescheidt!«

»Es ist besorgt und aufgehoben,Der Herr wird seine Diener loben«,

antwortete Kalimann mit den Versen aus Schiller's Gang nach dem Eisenhammer, »die »Nana« habe ich einfach in den Ofen gesteckt.«

»Kalimann, das ist wirklich stark!«

»Das ist kein Buch für eine jüdische Frau.«

Frau Barkany war roth geworden, aber sie gab sich noch nicht für besiegt. »Wenn Sie mir das Buch verbrannt haben«, sagte sie, »werden Sie mir Schadenersatz dafür leisten.«

»Sehr gerne«, sagte der Buchbinder, nahm ein Bild von der Wand und gab es ihr. Es war die Scene aus Schiller's Glocke, wo die Mutter von ihren Kindern umgeben im Erker ihres Hauses thront. Unter dem Bilde waren die Verse zu lesen:

Im Hause waltetDie züchtige Hausfrau,Die Mutter der Kinder,Und herrschet weiseIm häuslichen Kreise.

Gelehrte, Dichter, Künstler verehrte der Buchbinder von Hort fanatisch, ob sie Juden, Christen oder Türken waren. Als er das erste Mal bei Frau

Barkany das bekannte Bild sah, das Schiller zu Karlsbad auf einem Esel sitzend, darstellt, begann Kalimann zu weinen.

»So ein Mann muss reiten auf einem Esel«, rief er aus, »während so gewöhnliche Menschen, wie der Baron Fay oder der Herr von Mariassy reiten stolz auf Pferden.«

Später erinnerte er sich aber, dass Bileam eine Eselin geritten hatte und kam schliesslich zu dem Resultat, dass Schiller auch ein Prophet war.

Vielleicht steckte auch in Kalimann ein Poet, ein Prophet.

Er trieb nämlich neben der Buchbinderei noch ein anderes Handwerk, das unter den Juden im Osten nicht allzu selten ist und auch seinen goldenen Boden hat.

Kalimann war nämlich Liebessekretär.

Das will sagen, er machte ein Geschäft daraus, Leuten, die weder lesen noch schreiben konnten, Liebesbriefe zu verfassen. Hier zeigte er sich als der Anakreon und Petrarca von Hort. Zahlreiche Kunden strömten ihm zu und Kalimann sicherte sich durch seine zärtliche, gefühlvolle Feder ein ganz hübsches Nebeneinkommen.

Eines Tages erschien auch Gütel Wolfram, die Köchin der Frau Barkany, bei ihm und bestellte einen Liebesbrief an ihren Freund in Gyöngös.

»Also, mein Schatz, Sie hat auch Amor's Pfeil getroffen«, sagte Kalimann schäkernd.

»Gott über die Welt!« rief Gütel, »er heisst doch nicht Amor, sondern Mendel Sucher und mit Pfeilen schiesst er auch nicht.«

Nachdem die verliebte Köchin dem Buchbinder ihre Gefühle geoffenbart hatte, verlangte sie den Preis zu wissen.

»Das hängt nicht von der Länge des Briefes ab«, erwiderte Kalimann, »sondern ganz von der Qualität.«

1. Ein freundlicher Brief	10 Kreuzer
2. Ein Brief, der liebenswürdig und ermunternd	15 "
3. Ein zärtlicher Brief	20 "
4. Rührend	30 "
5. Ein recht zum Herzen sprechender	½ Gulden.

»Also für diesmal einen freundlichen«, sprach Gütel und legte 10 Kreuzer auf den Tisch.

»Für Sie«, sagte Kalimann galant, »soll er für denselben Preis freundlich, liebenswürdig und ermunternd sein.«

Mendel Sucher bekam den nächsten Tag den Brief, und da er auch nicht lesen konnte, so ging er zu Saul Wehl, der Schreiber bei einem Advokaten in Gyöngös war und dasselbe erotische Metier betrieb.

Wehl las ihm den Brief Kalimann's mit solchem Pathos vor, dass Mendel ganz ergriffen war und sofort einen Zwanziger auf den Tisch legte, damit Saul ihm einen ebenso schönen an Gütel schreiben möge.

Saul erkannte sofort Kalimann's Schrift und dachte: »Ich will dem Buchbinder einmal beweisen, dass man auch in Gyöngös Briefe schreiben kann und die Klassiker liest«. Und er schrieb an Gütel einen Brief, der vollständig gespickt war mit Zitaten aus dem hohen Lied, aus Goethe, Petöfii, Heine und Chateaubriand, dass der armen, kleinen Köchin der Kopf davon ganz wirblig wurde, als Kalimann ihr die Liebesepistel vorlas und dass der Buchbinder selbst sich hinter dem Ohr kratzte und murmelte: Er ist belesen, der Saul, und hat eine kräftige Feder; wer hätte das gedacht!

In dieser Weise ging der Briefwechsel zwischen Gütel und Mendel, oder eigentlich zwischen Kalimann und Saul fort.

Wenn Kalimann den Mendel »mein holder Freund« oder »mein Täubchen« nannte, so prunkte wieder Saul mit Wendungen, wie: »Ihre Gazellenaugen, Ihre Elfengestalt, Ihre Rosenlippen, Ihre Stimme, die wie Sphärenmusik erklingt.«

Dem liebenswürdigen Brief hatte Kalimann mehrere zärtliche und zwei rührende folgen lassen. Endlich kam der recht zu Herzen sprechende. Gütel hatte sich entschlossen, den halben Gulden zu opfern und brachte Kalimann überdies noch eine gute Flasche Wein. Der Buchbinder schenkte ein, trank, schnalzte mit der Zunge und begann zu schreiben.

Plötzlich aber rief er aus: »Wissen Sie, Gütel, das war eine gute Idee mit dem Wein, aber Hafis singt nicht vom Wein allein, auch frische Mädchenlippen haben ihn begeistert.«

Diesmal verstand Gütel sofort: »Da ich schon einen halben Gulden spendirt habe«, sagte sie verschämt, indem sie sich den Mund mit der Schürze abwischte, »und die Flasche Wein, kommt es mir auf einen Kuss auch nicht mehr an«, und sie gab dem glücklichen Buchbinder einen kräftigen Schmatz. Nun flog die Feder über das Papier, und als Kalimann Gütel den Brief vorlas, vergoss sie Thränen.

Mendel war vollständig geknickt, als Saul ihm den zum Herzen sprechenden Brief noch überdies mit tremulirender Stimme vordeklamirte. Er stürzte hinaus, lief geradenwegs zu Herrn Schönberg, in dessen Fabrik er beschäftigt war und bat um seinen Abschied.

»Was haben Sie denn?« fragte der Fabrikant, »weshalb wollen Sie denn fort? soll ich Ihnen den Gehalt aufbessern?«

»Nein, nein, Herr Schönberg, aber ich halte es nicht mehr in Gyöngös aus, ich muss nach Hort.«

»Nach Hort? Weshalb?«

Stumm reichte ihm Mendel den Brief.

Der Fabrikant las und lächelte. »Ein Teufelskerl, der Kalimann!« murmelte er, »an dem ist ein Romancier verdorben. Aber das wollen wir anders machen, Mendel. Sie bleiben bei mir und heirathen die Gütel. Ich gebe Ihnen eine kleine Wohnung im Fabriksgebäude, und Frau Barkany soll das Mädchen ausstatten.«

Mendel strahlte, am Liebsten hätte er den guten Schönberg umarmt. Dieser gab ihm gern Urlaub für einen Tag und der Glückliche eilte nach Hort in die Arme Gütel's. Wirklich entschloss sich Frau Barkany, ihre Köchin, die vom dreizehnten Jahre treu bei ihr gedient hatte, auszustatten, und zur fröhlichen Zeit der Weinlese wurde in Hort die Hochzeit gefeiert.

Oben an der Tafel, auf dem Ehrenplatz neben dem Rabbiner sass der Buchbinder von Hort. War doch alles sein Werk und es war nicht das erste Paar, das er vereint und das der Rabbiner gesegnet hatte.

Als die Reihe an ihn kam, einen Toast auf das Brautpaar auszubringen, erhob er sich, das Glas mit dem perlenden Wein in der Hand und sprach die Verse Schiller's:

Ehret die Frauen, sie flechten und weben,Himmlische Rosen in's irdische Leben.

Rabbi Abdon.

– RUSSLAND. –

Die Kabbalah. – Der Jude als Ackerbauer.

Die Sonne war untergegangen. Die Nebel des düsteren Winterabends breiteten sich langsam um die Thürme und Dächer der kleinen Stadt, welche tief im Süden Russlands zwischen wilden Waldrevieren, Sümpfen und Steppen verloren war. Der Sturm hatte überdies hohe Schneewälle aufgeführt, welche die Menschen in ihren kleinen hölzernen Häusern gefangen hielten. Im letzten Abendstrahl schienen die Frostblumen an den kleinen Fenstern noch einmal in den Farben des Frühlings aufzublühen.

Dann erlosch auch dieser armselige Schimmer und graue eintönige Dämmerung erfüllte das weite Gemach, in dem der greise Rabbi Abdon sass, vertieft in seltsame Gedanken und Erinnerungen.

Die alte Magd kam leise herein, zündete die Lampe an und verschwand wieder unbemerkt, wie sie gekommen. Der Rabbi regte sich keinen Augenblick. Das flackernde Licht tauchte all' die heiligen und geheimnissvollen Dinge, die ihn umgaben, die Gesetzrollen, die Lederbände des Talmud, den Sochar, das Buch des Glanzes und den Ilan, den Baum des Lebens, an der Wand in eine Art Verklärung, aber der Greis sah sie heute nicht. Sein hagerer Körper, in sich zusammengesunken, schien leblos, sein mit Runzeln bedecktes Antlitz erstarrt, nur die grossen Augen verriethen, dass sein Geist noch nicht entflohen war.

Er fragte sich in diesem Augenblick, warum er noch lebe? Er hatte ein gottesfürchtiges tadelloses Leben hinter sich, und er hatte alle Geheimnisse der Kabbalah erschlossen, ihn erwartete die Seligkeit der Frommen und der grosse Lohn, welcher jedem zugesagt ist, der sich mit der Wissenschaft beschäftigt, die Gott selbst dem Adam überliefert haben soll. Was half ihm aber seine Frömmigkeit? was half ihm sein Wissen. Er war allein, einsam in einer Welt, die er nicht verstand, und die ihn nicht verstand, verlassen, ohne Liebe, unter Menschen, die ihm nur mit heiliger Scheu und Ehrfurcht nahten.

Was nützten ihm am Rande des Grabes Gematria, Notarikon und Themurah, die Lehre, mit deren Hilfe man den geheimen Sinn entziffert, den Gott in die heilige Schrift gelegt? Was nützte es ihm, dass er in stillen Nächten den Urquell des Lichtes, des Geistes und des Lebens, den Verborgendsten der Verborgenheiten wie hinter einem Schleier sah? dass er im Menschen die Welt im Kleinen wie in einem Zauberspiegel betrachten konnte? dass er mit den zehn Sephirot und den vier Welten vertraut war, dass die Engel bei ihm aus- und eingingen? Wozu diente ihm seine Macht über die Geister und Dämonen? Er konnte Samael und Aschmadin bannen, wenn er wollte und die schöne Lillith zwingen seinen Geboten zu gehorchen, aber er war machtlos gegen den Nebel, der sich um ihn zu Gestalten zusammenballte, gegen die Stimmen, die in der Stille des Abends heimlich zu flüstern begannen.

Ja, er war allein mit seinen todten Schätzen, und er hatte doch einst ein geliebtes Weib gehabt, schön und tugendsam, und einen Sohn – ja dieser Sohn – wo war er? lebte er noch? oder war er geschieden von der Erde wie seine Mutter?

Sie war ein stilles, reizendes Geschöpf, diese kleine Frau, die schlank und scheu wie ein Reh durch seine Zimmer schlüpfte, wenn er in seine Folianten versunken war. Selten nur stahl sich ihr Lächeln wie Mondlicht in seine Seele, meist beachtete er sie gar nicht. Vergebens schmückte sie ihre anmuthigen Glieder, vergebens liess sie ihre helle Stimme, ihr verschämtes Lachen in diesem finstern Raum ertönen, in dem sich ein kleiner Menschengeist vermass die Pforten des Paradieses und der Hölle aufzureissen.

Und sie hatte ihn dennoch geliebt, aber einsam, mit ihrem armen, darbenden Herzen war sie zu früh dahingewelkt, und eines Tages lag sie mit ihrem letzten Lächeln auf den kalten Lippen da.

Er hatte sie verloren für immer.

Und jetzt! jetzt hätte er den kleinen Sammtpantoffel an ihrem Fusse küssen mögen, wenn er nur wieder einmal ihren leisen Schritt hätte vernehmen können inmitten dieser mit Staub und Moder bedeckten Welt, die ihn umgab.

Aber sein Sohn! Er lebte vielleicht noch, nur weit von ihm, sehr weit in der Ferne.

Er war sein ganzer Stolz gewesen. Er sollte nicht allein der Erbe seines Namens, aller seiner Habe werden, ein ungleich kostbareres, heiliges Vermächtniss wollte er ihm hinterlassen, seine ganze Weisheit, das Gold der Wissenschaft, das er aufgespeichert, alle Geheimnisse, die ihm die Zauberkraft der Kabbalah aufgeschlossen hatte, und er hatte dies alles verschmäht um eines thörichten Mädchens, um einiger grünen Bäume und um eines Feldes voll reifender Aehren willen.

Zum Rabbiner war er bestimmt, der kleine Simon, aber er liebte die Stubenluft nicht. Wenn der erste Sonnenstrahl auf den Lederband fiel, vor dem er sass, war es wie ein goldener Faden von Feenhand gewoben, der ihn hinauszog und hatte er erst diese schwarze Erde betreten, die der russische Bauer so zärtlich liebt, da fühlte er gleich diesem den Athem der treuen unwandelbaren Freundin, der einzigen, die uns jede Sorgfalt, jeden Dienst tausendfach zurückgiebt, da hörte er in den säuselnden Halmen, in den rauschenden Blättern die geheimnissvolle Stimme der ewigen Mutter.

»O! ich kenne ein schöneres Buch«, sprach er dann zu seinem Vater, auf den Talmud deutend, »das hat Gott selbst geschrieben, darin ist der grüne Wald zu sehen und Sonne, Mond und Sterne.«

Wenn die Bauern ackerten, folgte er von Ferne gleich den Krähen ihrem Pfluge, und wenn die Sicheln zur Erntezeit erklangen, verbarg er sich hinter den Garben und weinte.

Rabbi Abdon hatte ihn schon als Kind verlobt mit der Tochter eines reichen Mannes, von gleich edlem Stamme, des Kaufherrn Jonathan Ben Levy in Amsterdam, dessen Schiffe bis nach Indien segelten.

Als Simon aber herangewachsen war, nahm eine Andere sein Herz gefangen.

Es war ein armes Mädchen, Darka Bariloff. Ihre Eltern besassen eine elende Schenke in der Vorstadt draussen und einen kleinen Acker.

Auf diesem Acker hatte Simon das schöne kräftige Mädchen mit dem Leib einer Judith und dem holden, von rothblonden Flechten gekrönten Haupt einer Ruth, das erste Mal getroffen. Er war mit seinem Sohne Luchot-Haberith hinausgegangen in die Felder, um sich in den Geist der Kabbalah zu versenken und sah plötzlich das jüdische Mädchen, das hinter dem Pfluge ging, vor den ein mageres kleines Pferd gespannt war. Da warf er den kostbaren Band weit von sich, ergriff den Pflug und setzte die Furche fort, welche Darka begonnen hatte, und als die Arbeit gethan war, sassen sie auf dem Feldrain und sprachen zusammen ernst und verständig, während sie aus Feldblumen einen Kranz wand, und zwischen ihnen blühte unsichtbar eine Wunderblume auf, die Blume der Liebe.

Der alte Rabbi erinnerte sich auch des Tages, wo es zu der verhängnissvollen Auseinandersetzung mit seinem Sohne kam. Er sah ihn in diesem Augenblicke vor sich mit seinen leicht gerötheten Wangen und seinen leuchtenden Augen. Jedes der harten Worte, die er damals im Zorn herausgestossen, war noch in seinem Gedächtniss geblieben, und er hörte in dieser einsamen Stunde der Verlassenheit noch einmal die Antwort seines Simon, der ruhig und ehrerbietig, aber muthig und begeistert wie ein Prophet sprach:

»Der Jude«, rief er zuletzt, »hat sich die unglückliche Lage, in der er sich heute noch in den östlichen Ländern befindet, nicht selbst geschaffen; er wurde durch seine Verfolger in die engen, finsteren Strassen des Ghetto gesperrt und von jeder Arbeit, jedem anderen Berufe ausgeschlossen, gezwungen sich ausschliesslich dem Handel zu widmen. Es ist aber unsere Schuld, wenn wir heute diese zweite babylonische Gefangenschaft verlängern, die Ketten sind gesprengt, die Schranken gefallen. Wer es mit seinem Volk, seinem Glauben ehrlich meint, der verlasse diese finstren Winkel, in denen nur ein kleinlicher, engherziger Geschäftsgeist zu blühen vermag, oder eine düstre, grillenhafte, unfruchtbare Wissenschaft. Heute liegt das Feld der geistigen Arbeit offen vor uns, offen jede Art menschlicher Thätigkeit. In Odessa haben erleuchtete Männer unseres Stammes sich an die Spitze einer Bewegung gestellt, welche den Juden vor allem zu der Landwirthschaft, zum Ackerbau zurückführen soll, welche das Volk Israel im gelobten Lande glücklich und mächtig gemacht hat.

Ich will nicht mein Leben bei den Büchern versitzen, ich will nicht handeln und feilschen in einem dunklen Gewölbe, ich brauche Luft und Licht, und ich will selbst meinen Acker bestellen wie Boas.«

Der Vater blieb seinen Bitten verschlossen wie seinen Gründen, und als der Sohn bei seinem Entschluss beharrte, hatte er schon den Fluch auf den Lippen, aber er sprach ihn gottlob nicht aus.

Dieselbe Nacht hatte sein Sohn die Stadt verlassen, und Darka war mit ihm entflohen.

Seither, seit mehr als zehn Jahren, hatte man nichts von ihm gehört.

Die Lampen brannten trüber, der Nebel um ihn wurde dichter, seine Augen schienen zu erlöschen. Der alte Rabbi barg sein Gesicht in den Händen und heisse Thränen flossen seine Wangen herab.

Da ging leise, ganz leise die Thüre, ein Schritt liess sich vernehmen, so sanft und zaghaft wie vormals jener seines Weibes, und dann zupfte es am Aermel, erst furchtsam und dann immer dringender.

Rabbi Abdon liess die Hände sinken und hob den Kopf. Träumte er noch weiter oder war es eine selige Vision? Vor ihm stand ein Knabe, gross und schön – Simon – sein Sohn – wie er in jenen Tagen gewesen war, als der Greis sich abgemüht hatte ihn beim Talmud und der Kabbalah festzuhalten. Langsam, immer von der Furcht geleitet, das schöne Bild könnte zerfliessen wie der Nebel, wie die Phantome, die seine Erinnerung ihm vorzauberte, hob Rabbi Abdon die zitternde Hand und berührte den Knaben.

Nein es war kein Schemen, er lebte. Der Greis, welcher die Arme nach ihm ausbreitete, um ihn zu segnen, um ihn an sein Herz zu ziehen, sprach feierlich den Namen des Ewigen aus, des Gottes Abrahams, Isaaks und Jakobs und begann dann laut zu schluchzen.

Durch die offene Thür stürzte jetzt Simon herein und zu den Füssen seines Vaters, der den verlorenen Sohn stumm an seine Brust drückte. Darka folgte, ein kleines Mädchen an der Hand und ein zweites auf dem Arme.

Als Simon aufstand, staunte ihn der Rabbi an, er stand so gross, so kräftig vor ihm in seinen hohen Stiefeln, seinem rothen Hemde und seinem langen Tuchrock, und wie schön kleidete das junge jüdische Weib der gestickte Lammpelz und der Kokoschnik der russischen Bäuerin.

»Deine Kinder!« sprach Rabbi Abdon. Es waren die ersten Worte, die über seine Lippen kamen.

»Ja, Vater, dies ist Simon, der älteste, er hilft mir schon säen und führt die Pferde, wenn ich pflüge, und er liest auch schon die Thora und den Talmud.«

»Ihr habt Land gekauft? womit?« fragte der Rabbi.

»Aus dem Erlös unserer Arbeit«, erwiderte Simon, »wir haben gepflügt, gesäet, geerntet und gespart, und heute sind wir reiche Bauern.«

»Und es wird Dir nicht schwer, Dein Feld zu bestellen?« forschte der Greis, »kann Dein Körper es aushalten?«

»Vater, ich war auch Soldat«, rief Simon stolz, »ich habe mich gegen die Türken in Asien geschlagen und war dabei, als Grenadier, an dem Tag der Ehren, wo wir Russen die Festung Kars mit Sturm nahmen.«

»Wir sind gekommen, um Dich zu holen, Vater«, sprach jetzt Darka mit einem herzlichen Lächeln.

»Ja, Grossvater«, rief der Enkel, der zwischen seinen Knieen stand, »ich habe schon eine Laube für Dich gebaut vor dem Hause, dort werden wir zusammen die Haggadoths lesen, willst Du?«

»Ob ich will?« rief der Greis, »gewiss will ich, Simonchen.«

Heute wohnt Rabbi Abdon bei seinen Kindern und mitten unter seinen Enkeln. Die Gesetzrollen, der Talmud, der Sohar und der Ilan haben die Reise mitgemacht, er sitzt aber lieber in der Laube vor dem Hause, die der kleine Simon ihm erbaut hat und noch lieber in dem Haus aus Garben, das der Knabe ihm aufrichtet jedesmal, wenn die Ernte begonnen hat. Dann leuchtet der blaue Himmel über ihm, um ihn wehen die Halme und Gräser, klingen die Sicheln, die Lieder der Schnitter, und er sitzt mitten in dem Segen mit seinem Talmud, ein Patriarch.

Das Mahl der Frommen.

Der Possenreisser.

Adolf Tigersohn war der offizielle Possenreisser der jüdischen Gemeinde zu Lindenberg. Er war berühmt in Israel, so weit man eben in einer kleinen Stadt, in einem verlorenen Winkel, zwischen Haide und Moor berühmt sein kann.

Tigersohn war zur lustigen Person der göttlichen Komödie geboren. Alles an ihm war komisch, seine hagere Gestalt mit den langen krummen Beinen, sein galliges, bewegliches Gesicht mit der grossen Hakennase, seine grossen blauen Rabenaugen, sein Gang, seine Bewegungen, seine Redeweise und doch war er im Grunde ernster als Alle, die ein grämliches Gesicht machten. Vielleicht war er nur verkappter Philosoph, dem die Welt aus der Höhe, aus der er sie betrachtete, klein und lächerlich erschien, aber sicher hatte er etwas von einem Narren Shakespeares und von dem Knappen des Ritters von la Mancha an sich.

Seine Talente waren unerschöpflich. Er war zugleich Taschenspieler, Sänger, Schauspieler, Akrobat, Musiker, Zeichner und Poet. Wenn er die Anwesenden nachzuahmen, wenn er Karrikaturen zu zeichnen, Gedichte, Lieder zu improvisiren begann, so nahm die Heiterkeit kein Ende. Alle Welt liebte ihn, die Jugend vergötterte ihn. Wer Tigersohn in seinem Glanz sehen wollte, musste einer Hochzeit in Lindenberg beiwohnen, da gab er sein bestes nach dem Spruche des Talmud: »Wer Braut und Bräutigam erfreut, der hat soviel gethan, als habe er eine der Ruinen Jerusalems auferbaut.«

Auch seine Heirath war in der lustigsten Weise vor sich gegangen.

In Lindenberg lebte ein hübsches und kluges jüdisches Mädchen Fischele Löwenhaupt, ein Muster von einem Mädchen, aber sehr mager. Diese gute Seele hatte den unglücklichen Einfall, eines Tages zu behaupten, dass ein so lächerlicher Mensch, wie Adolf Tigersohn, niemals eine Frau bekommen könne.

»Wer hat das gesagt?« fragte der Possenreisser, als ihm dieses Urtheil hinterbracht wurde.

»Fischele Löwenhaupt.«

»So – gerade sie wird mich nehmen.«

Nicht lange darnach war Purim, der jüdische Karneval. Fischele war zu ihrem Oheim, dem reichen Kaufmann Marderkopf, geladen, und als die jungen Leute heiter zu werden begannen, erschien auch der Possenreisser, denn was wäre Purim ohne Adolf Tigersohn gewesen.

Der heitere Weise war diesmal als Türke gekleidet, hatte eine riesige Maskennase, eine grosse Brille und eine fuchsrote Perücke.

Ein von Frau Marderkopf wunderbar nach Art des Leviathan zubereiteter Hecht gab dem Possenreisser Anlass, mit den Leberreimen zu beginnen, in denen er besonders gross war. Nachdem er alle Anwesenden mehr oder minder durchgehechelt hatte, wendete er sich an Fischele und sprach unter köstlichen Grimassen:

Die Leber ist von einem Hecht und nicht von einem Bär,Wenn manches Mädchen schweigen könnt', es vielmals besser wär.Die Leber ist von einem Hecht und nicht von einem Rochen,Man findet schwerlich einen Mann mit nichts als Haut und Knochen.

Während die Anderen in ein schallendes Gelächter ausbrachen, floh die arme Fischele hinaus auf den Flur und als Tigersohn sich nun gleichfalls aus dem Staube machte, sah er sie draussen in einem dunklen Winkel stehen und weinen.

Der Possenreisser liess erst ein paar Wochen in das Land gehen, dann kam er eines Tages in das Haus des Tapezierers Löwenhaupt, und da er ein helles Kleid hinter den Stachelbeerhecken erblickte, schlich er vorsichtig in den Garten und sah richtig Fischele in der Laube mit einem Buch und einem Strickstrumpf.

Sie sah ihn gar böse an, wie eine Katze, die sich zum Sprunge bereit macht, aber er kehrte sich nicht daran.

»Na, das ist schon ein guter Anfang,« sprach er, »Sie lachen wenigstens nicht mehr über mich.«

»Gehen Sie, Sie sind ein schlechter Mensch,« rief Fischele, »wenn ich keinen Mann bekomme, so sind Sie daran schuld, Sie allein.«

»Einen Mann bekommen Sie schon,« erwiderte der Possenreisser, »aber hier in der Gegend nimmt Sie keiner – ausser mir. Das ist richtig.«

»Sie geben es zu.«

»Gewiss, aber ich nehme Sie.«

Fischele sah ihn starr an, dann begann sie laut zu lachen.

»Sie wollen mich zur Frau nehmen? Das ist doch gar zu komisch.«

Tigersohn setzte sich gelassen auf die Bank zu Fischele und suchte ihre Hand zu erhaschen, aber sie versteckte sie und rückte von ihm fort.

»Hören Sie,« flüsterte er, »jetzt haben wir uns nichts mehr vorzuwerfen. Ich bin lächerlich, Sie sind lächerlich, das stimmt. Tigersohn und Löwenhaupt stimmt auch. Man kann einen Pfau und eine Gans nicht zusammen einspannen, aber zwei reissende Thiere, wie wir, geben ein herrliches Gespann.«

Fischele wendete sich ab und lachte in ihr Taschentuch hinein.

»Sind Sie noch böse?«

Sie antwortete nicht, aber er erhaschte ihre Hand und küsste sie.

»Ich werde aber immer über Sie lachen müssen, Adolf, wenn ich Ihre Frau bin.«

»Es ist doch besser, als wenn Sie über mich weinen müssten.«

»Und ...«

»Was, meine einzige Fischele?«

»Sie lieben doch die mageren Frauen nicht?«

»Ich kenne einen kleinen Doktor, der wird Sie von Ihrer Magerkeit kurieren.«

»Also, Sie wollen mich durchaus?«

»Durchaus.«

»Gut. Ich nehme Sie.«

Der Possenreisser klatschte jubelnd in die Hände, dann packte er das hübsche Mädchen beim Kopf und küsste sie.

Im Herbste feierten sie ihre Hochzeit. Alle Welt wünschte ihnen Glück und Segen, aber heimlich sagte ein Jeder:

Was soll das werden? Ein Narr und eine Närrin, denn wäre sie keine Närrin, hätte sie ihn nicht genommen.

———————————

Und was wurde es? Die beste Ehe, welche Lindenberg seit Menschengedenken gesehen hatte.

Vor allem geschah ein Wunder, Fischele war mit einem Male nicht mehr mager. Sie fragte wiederholt nach dem kleinen Doktor, der lange auf sich warten liess, aber plötzlich war er da, es war der kleine Possenreisser, der schreiend in der Wiege lag und komische Gesichter schnitt, wie sein Vater, und zugleich war Fischele zu einem üppig schönen Weibe erblüht, um das mehr als einer den lächerlichen Tigersohn beneidete.

Sie lebten wie zwei Täubchen. Wenn es überall Zank gab, im Hause des Possenreissers gab es keinen, ja nicht einmal eine Gardinenpredigt, die doch in einem deutschen Hausstand unerlässlich scheint.

»Wie macht es doch dieser Narr,« sagte eines Tages der reiche Moritz Weintraub, »dass ihm seine Frau niemals den Kopf wäscht. Er sitzt doch oft länger im Gasthaus als wir und niemals hat er Verdruss mit ihr.«

Das war so einfach. Als die Honigwochen zu Ende waren, kam der Possenreisser einmal spät in der Nacht aus dem Wirthshaus zurück. Die junge Frau war schon zu Bett. Tigersohn kam in aller Hast herein und rief: »Schnell, Fischele, steh' auf, aber recht schnell.«

»Brennt es denn?« fragte sie erschrocken, während ihr Mann ihr die Hausschuhe anzog.

»Nein, nein, zieh' Dich nur an.«

Sie schlüpfte rasch in den blauen Morgenrock, welchen der Possenreisser bereit hielt.

»So,« sagte er, »noch die kleine Haube, die Dir so gut steht.«

Sie lächelte und setzte auch die Haube mit den rothen Bändern auf.

»Nein, bist Du hübsch!« rief der Possenreisser, »wer hat solch' eine Frau in Lindenberg? Niemand als Adolf Tigersohn. So, jetzt kann es losgehen.«

Er kniete vor ihr nieder, faltete die Hände und bat: »Gieb mir eine Maulschelle, Fischele.«

»Warum?«

»Weil ich eine Dummheit begangen habe.«

»Was für eine Dummheit?«

»Bin ich doch geblieben so lang in der Kneipe und hab' so ein Frauchen zu Hause. Ist das nicht eine grosse Dummheit?«

Fischele begann zu lachen; sie war nicht mehr böse.

»Also – ich bitte Dich …«

Sie gab ihm, noch immer lachend, eine Ohrfeige.

»Noch eine, Fischele.«

Sie gab ihm noch eine.

»Aber weisst Du, dass das eigentlich gar keine Strafe ist?« rief Tigersohn, »das thut so gut, Dein kleines Patschhändchen. Ich habe Dich nur deshalb so hübsch angezogen, weil ich mir die Strafe versüssen wollte, aber ich sehe, dass es überflüssig war, eine Frau, wie Du, kann thun was sie will, sie wird dem Manne immer ein Vergnügen bereiten.«

Er begann ihre kleinen Hände zu küssen und sie – vergass die Vorwürfe, die sie ihm machen wollte.

Und so geschah es jedesmal. Wenn der Possenreisser irgend etwas auf dem Gewissen hatte, sagte er zu Fischele: »Ich bitte Dich, gieb mir eine Maulschelle.« Und sie gab ihm lachend einen Streich auf die Backe und ärgerte sich keinen Augenblick, wenn er auch wirklich einen Fehler gemacht hatte.

Ja, es war eine gute Ehe und eine lustige Wirthschaft. Der Possenreisser spielte seine Schwänke vor keinem Publikum mit soviel komischem Eifer als vor seiner Frau. Sie bekam alle seine Einfälle und Schnurren aus erster Hand.

Eines Abends hatte sie nichts als Bohnen gekocht, die er nicht so sonderlich liebte. Dagegen trank er gern ein Gläschen Branntwein. Tigersohn setzte sich also an die dampfende Schüssel und bat Fischele, die Branntweinflasche auf den Tisch zu stellen. Dann begann er: »Adolfchen, wenn Du die Bohnen aufisst, bekommst Du ein grosses Glas Branntwein.«

Nachdem er einige Zeit tapfer zugegriffen hatte, sagte er wieder: »Adolfchen, wenn Du die Bohnen aufisst, bekommst Du ein kleines Glas Branntwein.«

Nun ging es wieder vorwärts. Endlich als der Teller vor ihm fast geleert war: »Adolf, wenn Du die Bohnen aufisst, bekommst Du einen Tropfen Branntwein.«

Eine letzte Anstrengung, und der Possenreisser hatte die Bohnen gezwungen.

»So,« sprach er, sich den Bauch streichelnd, »jetzt bekommst Du erst recht keinen Branntwein, Spatzenkopf, warum warst Du so dumm und hast die Bohnen gegessen.«

Einmal, am Freitag, hatte Fischele eine Kugel gemacht und zum Bäcker getragen. Die Kugel war klein und bescheiden, und als sie zurückkam, war sie gross und duftete gar köstlich.

»Unsere Kugel ist vertauscht worden,« sagte Tigersohn, als sie sich zu Tisch setzten.

»Was macht mir das?« erwiderte Fischele, »ich habe die Köchin des reichen Moritz Weintraub im Hausthor getroffen, es wird ihn nicht umbringen, wenn er einmal unsere kleine Kugel isst.«

»Du hast recht,« sagte der Possenreisser, aber mit einem Seufzer. Da klopfte es, und ein Schnorrer trat herein und bat um Speise und Trank. Vergnügt lud ihn Tigersohn ein, sich mit ihm an den Tisch zu setzen und ging in seiner Gastfreundschaft sogar so weit, dem Bettler zuerst die Kugel anzubieten. Als das Mahl zu Ende war und der Schnorrer sich entfernt hatte, sprach Fischele: »Und Du verlangst keine Maulschelle?«

»Wofür?«

»Weil Du dem Schnorrer zuerst die Kugel angeboten.«

»Oh!« rief der Possenreisser, »das habe ich wohl überlegt. Wie der reiche Weintraub unsere kleine Kugel aufgetischt bekommen hat, da hat er gewiss ausgerufen: Ersticken soll der, der zuerst von meiner Kugel isst. Darum habe ich sie zuerst dem Schnorrer angeboten und nicht Dir.«

Fischele lachte und war zufrieden.

Da ihr Mann jedesmal viel Zeit gebrauchte, um sich an- und auszuziehen, stellte ihm Fischele vor, er möchte doch seine Kleider jedesmal ordentlich der Reihe nach hinlegen.

»Du hast recht,« sagte der Possenreisser, und als er Abends nach Hause kam, nahm er Tinte, Feder und Papier und schrieb, so wie er die Gegenstände der Reihe nach ablegte:

1. Den Hut auf den Tisch;

2. Den Oberrock im Schrank;

3. Den Rock gleichfalls;

4. Die Weste auf dem Stuhl;

5. Das Beinkleid auf dem Nagel an der Thür;

6. Die Stiefel neben dem Bett;

7. Die Socken unter dem Kopfkissen;

8. Das Hemd auf der Bettlehne;

9. Die Halsbinde auf dem Bilde neben dem Bett;

10. Tigersohn liegt im Bett.

Als Fischele am Morgen ihren Mann weckte, rief er: »Nun sollst Du sehen, wie alles am Schnürchen geht.« Hierauf begann er sich anzuziehen und zwar fing er mit Nummer 1 an. Er setzte den Hut auf, zog den Oberrock an, darüber den Rock, die Weste, das Hemd und endlich schrie er: »Aber wo ist Adolf Tigersohn? – hier steht: er liegt im Bett, Du siehst, dass das Bett leer ist. Wo ist Adolf Tigersohn?« und er suchte sich selbst in der ganzen Stube, während Fischele lachte, dass ihr die Thränen herabliefen.

Eines Tages kündigte der Possenreisser an: Morgen ist bei mir ein Pferd zu sehen, das soviel Augen hat, als man Tage im Jahre zählt.

Ganz Lindenberg strömte am folgenden Tag zusammen, um das Wunderthier zu sehen, und jeder bezahlte gern zehn Pfennig Eintritt.

Endlich führte der Possenreisser feierlich sein Pferd vor.

»Aber das Thier hat doch nur zwei Augen,« schrie Weintraub, »wie jedes andere Pferd.«

»Ich habe gesagt, soviel Augen, als man Tage im Jahr zählt,« erwiderte der Possenreisser würdevoll, »und heute ist der zweite Januar.«

An einem kalten Herbstmorgen ging Tigersohn nach der Stadt. Fischele, um seine Gesundheit besorgt, zwang ihn, seinen schweren Pelz anzuziehen. Doch bald kam die Sonne heraus, es wurde heiss, und der Possenreisser schleppte seinen Pelz keuchend, wie eine Last. Da holte er bei einem Wirthshause den Krämer Nathan Formstecher ein, der gleichfalls nach der Stadt ging.

Nachdem sie eine kurze Strecke gegangen, begann Tigersohn: »Nathan, können Sie mir fünf Thaler borgen?«

»Ich borge nur auf Pfand,« sagte Nathan.

Der Possenreisser, der diese Antwort erwartet hatte, erwiderte: »Natürlich, hier ist mein Pelz, ich verpfände ihn so lange, bis ich die fünf Thaler abbezahlt habe.«

»Abgemacht,« sagte Nathan, zog die fünf Thaler aus der Tasche, gab sie Tigersohn und zog dessen Pelz an.

Nun keuchte Nathan unter der Last, und der Possenreisser schritt leicht und fröhlich neben ihm her, bis zu dem Stadtthor. Hier sagte er: »Hören Sie, Nathan, ich habe mir die Sache überlegt, es könnte kalt werden bis zum

Abend. Ich brauche meinen Pelz, geben Sie mir ihn wieder, hier sind die fünf Thaler.«

Nathan nahm das Geld und der Possenreisser seinen Pelz. Er hatte erreicht, was er wollte, der einfältige Nathan hatte ihm den schweren Pelz bis zur Stadt getragen und ihm Mühe und Schweiss erspart.

Ein Landjunker, der seinen Witz auch gern mit jenem des Possenreissers zu messen liebte, stellte sich einmal durch einen Scherz Tigersohns beleidigt und forderte ihn zum Zweikampf.

Tigersohn nahm ruhig an.

»Wir werden uns also schiessen,« rief der Landjunker.

»Ja, schiessen,« sagte der Possenreisser, »bestimmen Sie nur Ort und Stunde.«

»Also im Grafenwäldchen, morgen um sechs Uhr früh.«

»Sehr gut,« sagte der Possenreisser, »wenn ich aber etwas später kommen sollte, genieren Sie sich gar nicht, fangen Sie nur an.«

Es kam aber auch eine Zeit schwerer Prüfung für den lustigen Philosophen von Lindenberg.

Der alte Rabbiner, der ihn stets begünstigte, starb und der neue war ein Mann der modernen aufgeklärten Schule. Seine erste That war, den Possenreisser, in dem er ein Stück altjüdischen Vorurtheils sah, zu verbannen. Tigersohn war verzweifelt, er sollte nicht mehr den Hochzeiten beiwohnen, nicht mehr beim Purimfeste seinen Geist leuchten lassen, das war nicht zu ertragen.

Fischele weinte und der Possenreisser schwor dem Mann der neuen Schule Rache.

Als wieder einmal eine Hochzeit gefeiert wurde, meldete der Diener während der Mahlzeit, Tigersohn stehe draussen und bitte vorgelassen zu werden, um eine wichtige, religiöse Frage vortragen zu dürfen.

Der Rabbiner wollte anfangs nicht, da aber die Gäste, welche einen drastischen Scherz des Possenreissers erwarteten, für ihn baten, so gab er endlich die Erlaubniss.

Tigersohn kam hierauf feierlich herein, neigte sich tief vor der Tafelrunde und begann:

»Ich wollte den Herrn Rabbiner bitten, mich durch seine Weisheit zu erleuchten und mir eine kitzliche Frage zu beantworten.«

Der Rabbiner gab ihm ein Zeichen, fortzufahren.

»Es steht geschrieben,« sprach der Possenreisser, »der Heilige, gelobt sei Er! wird im Paradiese den Auserwählten ein Mahl zubereiten, das Alles übertreffen wird, was die Einbildung eines Sterblichen ersinnen könnte. Man wird Lendenbraten speisen von dem wilden Ochsen, dem der Herr vierzig Hügel voll saftigen Grases eingeräumt hat, um ihn wohl zu mästen. Man wird Ragout vom Leviathan haben in einer himmlischen Sauce, ein Gericht, das alles übertrifft, was uns Erde und Wasser an Leckerbissen liefern. Und vieles andere wird den Frommen vorgesetzt werden, nur – kein Geflügel.«

»Vom Geflügel ist bei dem Mahl der Frommen keine Rede.«

»Wie kommt dies? Es ist eine ernste Frage, deren Beantwortung ich von dem weisen und gelehrten Rabbiner erwarte.«

Der Rabbiner zuckte mit den Achseln und sprach: »Ich wette, Du hast die Antwort bereit, also lass' sie hören.«

»Werden Sie mir nicht böse sein, Herr Rabbiner,« sprach der Possenreisser scheinheilig, »wenn ich spreche, wie ich denke?«

»Nein, nein!«

»Ich denke,« fuhr der Possenreisser fort, »die Sache verhält sich sehr einfach. Bei allen anderen Thieren ist es leicht zu unterscheiden, ob das Fleisch koscher ist oder nicht, beim Geflügel gibt es jedoch grosse Schwierigkeiten, verwickelte Fälle, in denen nur ein Rabbiner richtig entscheiden kann. Da aber niemals ein Rabbiner in das Paradies kommt, müsste man das Geflügel in die Hölle schicken, und dort würde es ohne Zweifel von den Verdammten aufgefressen werden. Deshalb, denke ich, hat der Herr in seiner Weisheit das Geflügel vom Mahl der Frommen ausgeschlossen.«

Der Rabbiner begann laut zu lachen und alle mit ihm, dann sprach er zu Tigersohn:

»Ich sehe, Du bist kein gewöhnlicher Possenreisser, man kann sich den Scherz auch in ernsten Momenten gefallen lassen, wenn sich ein edler Kern, ein tiefer Gedanke in demselben verbirgt. Du sollst fortan frei Deines heiteren Amtes walten und Deine Mitbürger belehren und ermahnen, indem Du sie nur zu belustigen scheinst.«

Der Possenreisser verneigte sich tief und dankbar, und sofort rief es von allen Seiten: »Setzen Sie sich zu uns, Tigersohn, und geben Sie uns etwas zum Besten.«

Der Possenreisser leerte ein Glas Wein, das man ihm reichte, auf das Wohl des Rabbiners und begann dann:

Die Leber ist von einer Gans und nicht von einem Fisch,Unser Herr Rabbiner schien zu Anfang viel zu kritisch.Die Leber ist von einer Gans und nicht von einer Meise,Erst in der Folge sieht man es, wie gütig er und weise.

David und Abigail.

– DÄNEMARK. –

Ein jüdischer Soldat. – Die Synagoge. – Der Rabbiner. – Aufruf zur Thora. –
Schames. – Das Benschen.

Der Krieg war zu Ende. Der Postillon hatte Nachmittags die Nachricht in
das Städtchen gebracht und hatte dazu das Horn geblasen, so fröhlich und
stolz, dass alle verstanden, er bringe eine grosse und glückliche Botschaft.
Die trug ein jeder rasch dem andern zu. Die Leute riefen sich auf der Strasse
und aus den Fenstern zu: Friede! und wohl nirgends klang dieser Ruf so
freudig, so aus dem Herzen in die Herzen hinein, wie in der langen, engen,
finstren Gasse, welche die Israeliten bewohnten.

In einem kleinen Hause mit Giebel und Erker sass hier noch spät Abends
eine alte Frau, beschäftigt Hauswäsche zu flicken und betete. Wer kannte sie
nicht im Orte, die gute Rose Lilienkron, die Vertraute aller Liebenden, die
Beratherin aller verheiratheten Frauen, der Engel aller Unglücklichen, Armen
und Kranken.

Plötzlich klopfte es. Die Thüre ging leise auf, und die alte Rose, welche
ihre Brille auf die Stirn heraufgeschoben hatte, erblickte einen jungen,
hübschen Mädchenkopf, der mit leuchtenden, dunklen Augen in die grosse
Stube hereinblickte.

»Friede!« rief das Mädchen.

»Friede!« wiederholte die Alte.

Dann trat die niedliche Kleine herein, setzte sich auf den hölzernen
Schemel zu Roses Füssen, sah sie an und fragte: »Haben Sie keinen Brief?«

»Nein.«

Die Kleine seufzte.

»Mach' Dir keine bösen Gedanken, Abigail,« fuhr Mutter Rose fort, »wenn
mein David nicht geschrieben hat, so ist es weil Gott ihn beschützt hat. Wenn
er krank oder verwundet wäre, hätten wir Nachricht.«

»Und –« Abigail endete nicht. Sie neigte den Kopf, und an ihren Wimpern hingen grosse Thränen.

»Wenn er gefallen wäre, hätte es einer seiner Kameraden geschrieben.«

Beide schwiegen einige Zeit, man hörte nur das Pochen des Windes an den Scheiben und das sanfte Miauen der Katze, die langsam durch die Stube schritt und jetzt mitten in derselben sitzen blieb und sich zu putzen begann.

»Mieze macht Toilette,« rief Abigail oder wie ihre Eltern sie nannten Adele Silberstern.

»Wir werden einen Gast bekommen,« sagte Rose.

Wieder war es einige Zeit stille, dann schlug unten der alte Hund an, und jetzt begann er laut und freudig zu bellen. Schwere Schritte kamen die Treppe herauf.

»Wer kann das sein? so spät?« murmelte Mutter Rose. Sie wagte nicht auszusprechen was sie dachte und fühlte und hoffte, sie faltete die Hände und begann zu beten. Und wieder pochte es an die alte wurmstichige Thüre und zugleich kratzte der Hund an derselben und begann von neuem zu bellen. Jetzt konnte sich das Mutterherz nicht mehr halten.

»David!« rief die alte Frau und breitete ihre Arme aus.

Langsam ging die Thüre auf und ein Soldat erschien auf der Schwelle, die Mütze auf dem Kopf, den Mantel um die Schultern.

»David!«

»Mutter!«

Der gute Sohn stürzte herein in die Stube und zu den Füssen der alten Mutter, die ihn mit zitternden Händen um den Hals nahm, ihn küsste und segnete und wieder ansah, als wollte sie sich überzeugen, dass er es wirklich sei, als könnte sie noch nicht an das Glück glauben, ihr Kind unversehrt wieder zu haben. Neben ihr stand das Mädchen glücklich und stolz, und als David ihr jetzt die Hand reichte, da rief sie aus: »Ach, Mutter Rose! das Leben ist doch schön.«

David stand jetzt auf und schloss Abigail an seine Brust.

»Oh! wie Du von der Sonne verbrannt bist«, rief diese aus, indem sie den Geliebten bewunderte, »und gross und stark, und ich bin so klein gegen Dich.«

»Ich habe immer gehört,« erwiderte David, »es sei am Besten, wenn die Frau nicht weiter reicht als bis zum Herzen des Mannes.«

»Willst Du etwas essen, mein Sohn«, begann die Mutter wieder, »oder einen warmen Thee?«

»Und nimm doch Deinen Mantel ab«, fügte die Kleine hinzu, und schon hatte sie ihm denselben abgenommen und an den grossen Nagel neben dem Ofen gehängt. Wie sie sich aber wieder zu David wendete, stiess sie einen leisen Schrei aus und wich fast erschreckt zurück. Zugleich hatte sich Mutter Rosa erhoben und den jungen Soldaten bei den Schultern genommen.

»David«, rief sie, »Du hast etwas Grosses gethan, das hättest Du doch schreiben müssen. Dein König, der Herr segne ihn! war zufrieden mit Dir. Er hat Dir ein Zeichen seiner Gunst gegeben, ein Zeugniss der Tapferkeit, der Ehre!«

»Sprich, mein Held«, jubelte Abigail, »was hast Du gethan?«

»Nicht viel«, erwiderte David bescheiden, »meine Pflicht. Als die Feinde die Schanzen von Düppel erstiegen, da war die Fahne meines Regimentes in Gefahr. Wir haben sie gerettet, vier Kameraden und ich.«

»Oh! das war schön!« rief das Mädchen.

»Die ganze Khille (Gemeinde) wird stolz sein auf meinen David«, rief die Mutter, und dann berührte ihre zitternde Hand leise das Kreuz auf der Brust des Sohnes und fuhr rasch zurück, als hätte sie zu viel gewagt.

Am nächsten Tage gingen sie alle zusammen in die Synagoge, um Gott zu danken, Mutter Rose, David, Abigail und deren Eltern, der Weinhändler Silberstern und seine Frau.

Es war Sabbath, und die ganze kleine Gemeinde war in dem Tempel versammelt. Als David hereintrat, ging ein Murmeln durch die Reihen der Männer und oben drückte sich mehr als ein schönes Frauengesicht, mehr als ein liebliches Mädchenantlitz an das Gitter, um den prächtigen Soldaten besser sehen zu können.

Das Haus Gottes strahlte in seinem hellsten Glanze, und all' dieser Glanz schien in Abigails Augen heute nur dazu bestimmt, das Ehrenzeichen auf der Brust des Geliebten noch leuchtender erscheinen zu lassen. Der Rabbiner bestieg die Kanzel um seine Predigt zu halten. Er hatte seinen Text gewählt und sich alles sorglich zurechtgelegt, als aber der alte Mann den jüdischen Soldaten erblickte und das Kreuz, mit dem sein König ihn geschmückt, da riss ihn die Begeisterung fort und er predigte über eine Stelle aus den Sprüchen Salomos: Besser ist ein guter Name als grosser Reichthum, guter

Ruf besser als Silber und Gold. Er predigte aus dem Stegreif, wie sein Herz es ihm eingab, und er hatte niemals besser gepredigt.

Dann sang der Kantor. Auch er that sein Bestes. Er trillerte wie eine Lerche, er tremolierte wie eine Nachtigall, er schüttelte das Haupt und gestikulirte, breitete die Hände aus, beugte den Oberkörper und schlug den Takt, Alles wie ein Künstler, der unter seinen Zuhörern irgend eine erlesene Person weiss.

Dann ging man an das Vorlesen des Wochenabschnittes aus der Thora. Der Erste, welcher aufgerufen wurde, war David. Schon stieg er die Stufen hinan, um die grosse Pergamentrolle in Empfang zu nehmen, worauf die fünf Bücher Moses geschrieben sind, als eine scharfe, näselnde Stimme rief: »Kann ein Jude mit dem Kreuz auf der Brust zur Thora aufgerufen werden?«

Diese hässliche Stimme gehörte Dankmar Bernstein, der sich gleichfalls um die hübsche Abigail und wahrscheinlich noch mehr um ihre Mitgift beworben hatte und die Gelegenheit benutzte, um sich an seinem Nebenbuhler zu rächen.

David war bleich geworden. »Jeder gute Jude,« sprach er, »hat ein Recht auf den Aufruf zur Thora. Dieses Rechtes verlustig erklärt werden ist eine Strafe, eine Entehrung. Wer hat hier den Muth einem Soldaten, der für Vaterland und König gefochten die Ehre abzusprechen?«

Alle schrieen durcheinander, aber Bernsteins Stimme übertönte Alle: »Der Talmud verbietet Juden, die unter Heiden wohnen, deren Kleidung anzunehmen.«

Oben, hinter dem Gitter hatte Mutter Rose die Hände vor das Gesicht gepresst und weinte, während Abigail sich erhoben hatte, als wollte sie den Geliebten vertheidigen.

Endlich hatte der Schames, der kleine, wohlbeleibte Synagogendiener die Ordnung und Ruhe so weit hergestellt, dass der Rabbiner, der schon wiederholt gewinkt hatte, das Wort ergreifen konnte.

Voll Würde und Milde, neben dem Beleidigten stehend, die Arme erhoben, begann der alte Mann: »Was musste ich hören? Kann Irrthum so verblenden, dass der Irrgeführte im blinden Eifer Gott zu dienen, dessen Tempel entheiligt?«

Ein beifälliges Gemurmel folgte diesen Worten.

»Was bedeutet das Kreuz auf der Brust dieses Mannes?« fuhr er fort. »Es sagt uns: er ist ein *Jude*! und dieses Zeichen, das einst seine Vorfahren zu

Schmach und Verfolgung ausschied, zeichnet ihn heute mit Ehren aus. Hallelujah! Preiset den Herrn.«1

»Hallelujah!« sang der Kantor.

»Hallelujah!« stimmte die ganze Gemeinde ein.

»Ja, gelobt sei der allmächtige Gott, der heilige Richter über Krieg und Frieden, dass er uns in seiner gnädigen Führung zu einer Stufe emporgeleitet hat, wo das Zeugniss der Treue, der erfüllten Pflicht auch die Brust des Juden schmückt. Welch' eine Wandlung unserer Geschicke! Vormals der gelbe Schandfleck auf unserem Rücken und jetzt das Kreuz auf unserer Brust. Gottes Name sei gepriesen!«

Alle nickten zustimmend, viele erhoben die Hände, Einzelne begannen laut zu weinen.

»Allerdings ist den Juden verboten, die Kleidung der Heiden zu tragen, aber der Talmud gestattet ihnen, sobald sie mit hohen Personen anderen Glaubens verkehren, deren Tracht anzunehmen. In diesem Sinne muss auch dieses Ehrenzeichen als ein erlaubter Schmuck angesehen werden, und dann ist das christliche Symbol kein heidnisches. Im Traktat Bechorath Blatt 1 Seite 2, Abschnitt Schemmä heisst es: In unserer Zeit darf dem Nichtjuden ein Schwur auferlegt werden, denn hier handelt es sich nicht um die Anerkennung eines anderen Gottes, weil der Sinn der Schwörenden, auch wenn sie dabei noch einer anderen Person erwähnen, dennoch auf den Namen des Schöpfers des Himmels und der Erde gerichtet ist.

Das christliche Symbol ist kein heidnisches, und der Jude kann mit demselben auf der Brust zur Thora aufgerufen werden. Ja, mir erscheint dieses Symbol auf der Brust des jüdischen Mannes als eine Fügung des Herrn, als eine erhebende Auszeichnung, als eine Verherrlichung des göttlichen Namens Kiddusch-Haschem!«

Mit diesen Worten übergab der Greis die Thora dem Soldaten und dieser begann laut aus derselben vorzulesen.

Als der Gottesdienst zu Ende war, wendete sich der greise Rabbiner noch einmal an David Lilienkron.

»Mein Sohn«, sprach er, »Du hast der Gemeinde, Du hast dem ganzen jüdischen Volke, das über den Erdboden zerstreut ist, Ehre gemacht, ich will Dich dafür »benschen.««

Er erhob die Hände und sprach: »Gott segne Dich und behüte Dich! Gott lasse leuchten über Dich sein Angesicht und sei Dir gnädig! Gott wende sich Dir zu und gebe Dir den Frieden!« –

Als David mit den Seinen aus dem Tempel in den Hof trat, drängten sich alle, Alt und Jung, an ihn heran, um ihm Glück zu wünschen, ihm die Hände zu drücken und das Ehrenzeichen auf seiner Brust zu bewundern. Zindel, der Schuster, von seiner lebhaften Phantasie hingerissen, verstieg sich soweit, auszurufen: »Das hat ihm der König an die Brust geheftet, mit eigener Hand, ja, mit eigener Hand!«

Am äusseren Thore aber stand der kleine Chames, umgeben von allen Knaben, welche die Cheder besuchten, und als David, Mutter Rose am Arm, herankam, stimmten hundert helle Stimmen das Lied an, das er und seine Kameraden im Pulverrauch von Oversee und Düppel gesungen hatten: *Der tappere Landsoldat.*

Schimmel Knofeles.

Der Handelsjude. – Sabbath. – Familienleben. – Eheliche Treue.

Schon stand der Abendstern am Himmel, schon wurden in den hölzernen Häusern der kleinen Stadt die Lichter auf den Kronleuchtern angezündet, als sich Schimmel Knofeles endlich auf der Schwelle seines Hauses zeigte. Zebedia, seine Frau, hatte bereits Angst, dass er, der Fromme, Gewissenhafte, den Sabbath verletzen könnte, sie sah ihn noch mit dem Bündel auf dem Rücken durch den Staub der Landstrasse waten, während Israel bereits im Festglanz prangte, aber da war er schon, Gott sei gedankt! und stand in der offenen Thüre mit seinem gutmüthig schalkhaften Lächeln. Zebedia hatte schon die grosse Stube und den Tisch hergerichtet, die Kinder angezogen und sich selbst mit dem Ueberrock von dunkelrother Seide und der Stirnbinde geschmückt. Der Rubinglanz ihres Gewandes und das Feuer der falschen Steine, die ihr Haupt umgaben, stimmte trefflich zu ihrer südlichen Schönheit, welche die Lieder des Hafis in das Gedächtniss zurückrief, zu ihrer üppigen Gestalt, ihrem weissen Teint, ihren rothen Lippen und den grossen, schwarzen Augen. Das dunkle Haar war am Hochzeitstage unter der unerbittlichen Scheere gefallen.

Schimmel lächelte noch immer, zuerst in seiner herzlichen Freude über das schöne, geliebte Weib und dann im Gefühl der Schätze, die er brachte. Er stellte zuerst einen grossen Käfig zur Erde, in dem bisher ein Geier gehaust hatte und den er als altes Eisen billig genug erhandelt hatte und entfaltete dann eine prächtige Pelzjacke, diese war aber vollkommen neu. Eine polnische Gräfin hatte sie spottwohlfeil hergegeben, nur weil das Roth des Sammtes zu ihren mattgelben Möbeln nicht stimmen wollte, und Schimmel Knofeles hatte die Gelegenheit benutzt, seiner Frau ein fürstliches Geschenk zu machen.

Der kleine magere Jude, dessen Nase wie vom Sturm geknickt herabhing und dessen Rücken gekrümmt war, als hätte ihn die Natur erschaffen, Lasten zu tragen, lief die ganze Woche umher, von Stadt zu Stadt, von Dorf zu Dorf, von Edelhof zu Edelhof, im Schneegestöber, im Regen, in der glühenden Sonnenhitze, schwer beladen mit seinen Waaren. Er opferte sich auf, nicht etwa, weil die Seinen sonst nichts zu Essen hatten, nein, um seine Knaben studiren, seine Tochter Klavierspielen lernen zu lassen und Zebedia mit aller Bequemlichkeit, ja selbst mit Luxus zu umgeben.

Wenn er aber am Freitag zurückkehrte und wieder im Kreise der Seinen beim Nachtessen sass, war er für alle Mühe, für alle Entbehrungen reichlich belohnt.

So war es auch jetzt, als er die Pelzjacke ausbreitete und seine Frau, nachdem sie dieselbe sattsam bewundert und geprüft hatte, lächelnd, mit zwei behaglichen Bewegungen in das weiche Pelzwerk schlüpfte. Die Kinder freuten sich indess nicht minder lebhaft über den grossen Käfig, der in eine Ecke gestellt wurde und ein prächtiges Spielzeug zu werden versprach.

Nachdem Schimmel sich gewaschen und das Wochenkleid mit dem seidenen Talar vertauscht hatte, traten alle zusammen an den Tisch, über dem die Sabbathlampe brannte und Schimmel begann das Sabbathgebet. Seine Stimme klang erst gedrückt, wie wenn er noch den Wochenstaub im Halse hätte, aber immer freier und mächtiger; der kleine Mann, der die Hände erhoben hatte und den Gott Abraham's, Isaak's und Jakob's anrief, schien mehr und mehr zu wachsen, und sein braunes Gesicht verklärte sich, der Schacherjude wurde zum Priester, zum Fürsten, zum Patriarchen.

Als das Gebet zu Ende war, brach er das Brod und Zebedia trug den Karpfen in der Rosinensauce auf, alle setzten sich an den Tisch und assen und als Schimmel um sich blickte, stolz wie ein König, sah er, dass die Sabbathlampe nur zufriedene, glückliche Gesichter beschien.

Kaum hatte die Woche wieder angefangen, war Schimmel Knofeles auch schon mit seinem Bündel aufgebrochen, und während die Kinder in der düsteren Schulstube vor den hebräischen Hieroglyphen sassen, war Zebedia allein in ihrem kleinen Gewölbe, allein mit ihren bunten Waaren und ihren seltsamen Gedanken. Sie hatte manchmal ein Gefühl der Einsamkeit in diesen Tagen, wo Schimmel wie ein Kameel der Wüste, die galizische Ebene durchstrich, und hie und da fragte sie sich, ob sie eigentlich glücklich war an der Seite dieses Mannes, der so schwer arbeiten musste, um ihr Freude zu machen, und der nur zu sehr den jüdischen Karrikaturen glich, die sie manchmal in den Wiener Witzblättern sah.

So war es auch an diesem Abend. Sie hatte vergessen Licht zu machen, so sehr war sie in ihre Pelzjacke und in ihre Träume versunken, und sie bemerkte erst, dass es dunkel geworden, als ein fremder Mann hereintrat und Zigarren verlangte.

Sie zündete rasch die Lampe an, und als das rothe Licht derselben über ihr zugleich hartes und weiches, eine milde Leidenschaft athmendes Antlitz fiel, sah der junge vornehme Mann, dem sie das Kistchen mit den Zigarren liebenswürdig anbot, sie überrascht an. Sie erkannte ihn jetzt, es war der Graf Gorewski, welcher ein Schloss in der Nähe besass. Er war schon manchmal eingetreten, aber es war, als ob er sie zum ersten Male sähe. Es währte geraume Zeit, ehe er sich für eine Sorte Zigarren entschied, er liess sich alle Kistchen zeigen, um nur recht lange das Vergnügen haben zu können, in die schönen, lebhaften Augen Zebedia's zu blicken. Als er fortging, schüttelte sie den Kopf. Sie war ein Weib. Sie wusste, dass sie ihm gefallen hatte, und sie fand ihn gleichfalls hübsch. Wieder sass sie lange, die Hände in den Aermeln ihrer Pelzjacke versteckt. Dann machte sie eine Bewegung mit dem Kopf, als wollte sie eine Fliege verscheuchen, oder war es ein böser Gedanke?

Der Graf kam nun öfter und sie war liebenswürdig gegen ihn, weil sie klug war. Sie sagte sich, dass er nicht so viel bei ihr kaufen würde, wenn sie ihm eine saure Miene machen würde. Es gehörte mit zum Geschäft, liebenswürdig zu sein, zu lächeln, die Augen ein wenig zu verdrehen und mit ihren Händen, die doppelt weiss aus dem dunklen Pelzwerk hervorkamen, seine Zigarren anzuzünden. Aber warum zündete sie den Bauern, die auch ihren Tabak bei ihr kauften, nicht auch die Pfeife an?

Sie spielte eine Art Hazardspiel, aber sie kam nicht in die Gefahr, zu verlieren, denn der Graf war leidenschaftlich, und sie war schlau und kaltblütig.

Eines Abends zwang er sie dennoch, die Karten aufzulegen. Er fasste sie bei der Hand und blickte ihr in die Augen.

»Ist es nicht schade, dass Sie hier, in diesem dumpfen Winkel, verblühen, wie eine Rose in einem Kerker«, sprach er.

»Dies ist noch lange kein Kerker«, sagte sie ein wenig erschreckt und ein wenig spöttisch, »und ich bin keine Rose.«

»O! Sie sind schön, Zebedia, Sie wissen nicht, wie schön Sie sind.«

»Ich bitte – Herr Graf –«

»Was haben Sie auf einmal?«

»Ich bin eine ehrliche Frau …«

»Wer zweifelt daran?«

»Sprechen Sie also nicht mehr in dieser Weise zu mir.«

»Welcher böse Geist ist denn mit einem Mal in Sie gefahren?«

»Ein guter Geist, Herr Graf, der Geist der Familie.«

Gorewski zuckte die Achseln. »Sie werden mir doch nicht sagen wollen, dass Sie mit diesem krummbeinigen Moschku glücklich sind?«

»Doch.«

»Sie? – Die schönste Frau auf zehn Meilen im Umkreise und diese Spatzenschrecke?«

»Ich weiss nicht, ob ich schön bin«, erwiderte Zebedia stolz und ruhig, »aber mein Mann ist gar nicht so hässlich, wie Sie meinen. Für mich ist er schön und ich liebe ihn. Sein Aeusseres mag noch so komisch sein, sein Inneres ist nur um so schöner. Er hat ein Herz wie ein Engel und einen Charakter wie pures Gold, und einen Geist! der kann einen Rabbiner lehren!«

»Aber das alles hindert Sie doch nicht, sich ein wenig den Hof machen zu lassen, schöne Frau.«

»Ein wenig?« erwiderte Zebedia schalkhaft, »warum nicht? Aber Sie sind nicht der Mann, sich mit diesem Wenigen zufrieden zu stellen.«

»Oh! bei einer Frau, wie Sie, ist schon das Wenige viel.«

Er küsste rasch und feurig ihre Hand und verliess sie mit einer ritterlichen Verneigung.

Sie blickte ihm nach und seufzte.

––––––––––––––––

Der Herbst meldete sich diesmal früh. Die Bäume prangten bereits im Schmuck ihres rothen und gelben Laubes, ein kalter Wind fegte über die Pappeln. Schaaren von Vögeln zogen nach dem Süden und die Meisen nahmen ihren Platz ein. Man sah sie aller Orten und hörte ihren lustigen Pfiff.

Am Tage vor dem Beginn des Laubhüttenfestes trat jedoch die Sonne wieder aus dem grauen Wolkenschleier hervor und Israel konnte sein schönstes Fest mit Ruhe und Freude begehen. Auch Schimmel Knofeles hatte aus hölzernen Latten und Tannenreisig eine Hütte in seinem Garten errichtet. Zebedia fertigte indess aus Eiern, die sie geschickt geleert hatte, und aus farbigem Papier kleine Vögel, und die Kinder klebten Ketten aus Goldpapier. Als die Hütte fertig war, wurden alle diese Dinge in den Zweigen befestigt und mit ihnen auch der *Lulaf,* die seltsame Frucht und der Zweig, welche das Land der Verheissung, welche das verlorene Paradies in das Gedächtniss zurückrufen sollten.

Dann standen Schimmel und die Seinen vergnügt in der kleinen Hütte, in der sich eine Bank und ein Tischchen befanden und bewunderten das Werk ihrer Hände.

Jedes Glied der Familie brachte täglich einige Stunden des Tages oder der Nacht in der Hütte zu, wie einst das auserwählte Volk während seiner Wanderung in der Wüste. Schimmel sprach hier seine Gebete und las seinen Talmud, die Kinder spielten, Zebedia beschäftigte sich mit einer Stickerei.

Einmal geschah es, dass sie unter Tags unausgesetzt im Gewölbe und in der Küche beschäftigt war. Sie konnte erst ihre Pflicht erfüllen und sich in die Laubhütte begeben, als es Nacht geworden war, und ihr Mann und die Kinder schon schliefen. Die schöne Frau schlüpfte in ihre warme Pelzjacke, setzte sich in das grüne Zelt, lehnte den müden Kopf an den Pfosten und träumte. Es war eine Nacht zum Träumen. Der Mond stand hinter den hohen Pappeln und tauchte das Haus, den Garten, die fernen Felder in einen matten Silberglanz. Der Brunnen, welcher unablässig murmelte, schien Diamanten auszuwerfen. Die Astern und Georginen im Garten flüsterten leise im frischen Nachtwind und aus den Büschen stieg ein feuchter, angenehmer Duft auf.

Plötzlich nahten Schritte auf dem Kieswege. Zebedia schrack zusammen, und sie hatte alle Ursache, denn im nächsten Augenblicke stand der Graf vor ihr.

»Ich muss bitten,« stammelte sie, »was suchen Sie hier – zu dieser Stunde – wenn man Sie sähe ...«

»Ich suche Sie, schöne Frau«, sagte der Graf leise, »Ihre Gazellenaugen, Ihre elfenbeinernen Arme, Braut des hohen Liedes.«

»Machen Sie mich nicht unglücklich«, gab die Jüdin bebend zur Antwort, »verlassen Sie mich.«

Der Graf lachte. »Nein, so leicht werden Sie mich nicht los. Sie haben nur die Wahl, meinem Flehen nachzugeben und ihren Ruf zu retten, oder eine Eisstatue zu bleiben und in den Augen der Welt schuldig zu erscheinen. Ich liebe Sie, ich muss Sie besitzen.«

Gorewski warf sich zu ihren Füssen nieder und legte langsam den Arm um sie. Sie wehrte ihn nicht ab, sie lächelte sogar, denn in demselben Augenblick war ihr ein schlauer und lustiger Gedanke gekommen, ein Gedanke so drollig, wie aus den Novellen des Boccaccio oder der galanten Chronik des Brantome.

»Gut«, sprach sie lauernd, »ich will Ihren Bitten nachgeben, wenn Sie mir versprechen, alle Vorsicht zu beobachten, die ich von Ihnen verlange, und mir Ihr Ehrenwort geben, mich unter keinen Umständen zu kompromittiren.«

Der Graf, von der schönen Eroberung entzückt, versprach alles.

»Sobald ich zur Ruhe gegangen bin«, fuhr sie fort, »wird mein Mann noch einmal die Runde durch das Haus machen und dann das Hausthor sperren. Sie treten also mit mir ein, verbergen sich in dem Speisezimmer und warten, bis ich Ihnen ein Zeichen gebe.«

»Ich werde gern gehorchen,« sagte Gorewski.

Zebedia legte hierauf den Finger auf den Mund und gab ihm einen Wink, ihr zu folgen. Sie führte ihn leise in das Haus und in das Speisezimmer, in dem finstere Nacht herrschte. Hier hörte der Graf eine Thüre knarren und dann hiess ihn die schöne Frau eintreten. Da er den Weg nicht sofort fand, drückte sie ihm mit der Hand den Kopf nieder und schob ihn mit der anderen vorwärts. Dann schloss sie eine Thür hinter ihm, schloss sie zu und zog den Schlüssel ab.

Der Graf verhielt sich einige Zeit vollkommen ruhig. Er erwartete, dass Schimmel die Runde machen werde, aber bald hörte er diesen im Nebenzimmer laut schnarchen, und Zebedia kehrte nicht wieder. Leise begann der Unglückliche umherzutasten und entdeckte bald, dass er hinter eisernen Stäben gefangen war. Er wollte Lärm machen, aber das Lächerliche seiner Lage zwang ihn, sich in sein Schicksal zu ergeben. Die grausame Tugend hatte ihn überlistet, er war ihr auf Gnade und Ungnade preisgegeben. Sie hatte offenbar die Absicht, ihn die ganze Nacht eingesperrt zu halten, er liess sich also langsam nieder, versuchte sich auszustrecken und fand endlich eine Stellung, in der ihn schliesslich der Schlummer überraschte.

Es war heller Tag, als er erwachte. Er sah jetzt, dass er in einem grossen eisernen Käfig sass. Seine Lage war einfach abscheulich. Dennoch sagte er sich, dass er nichts thun könne, als geduldig erwarten, was die neue Delila mit ihm beginnen werde.

Sie liess nicht lange auf sich warten. Schön und frisch wie der Morgen kam sie in ihrem weissen Kopfputz und ihrer Pelzjacke herein, rief ihren Mann und ihre Kinder und zeigte ihnen den seltenen Vogel.

»Was hast Du gethan?« rief Schimmel, »eingesperrt den Herrn Grafen?«

»Ich habe ihm nicht unrecht gethan«, entgegnete Zebedia, »er hat mich fangen wollen, und ich war ein wenig schlauer als er.«

»Bitte, kommen Sie heraus.«

Sie öffnete die Thüre. Der Graf kam aus dem Käfig, dehnte seine Glieder und trat, ohne ein Wort zu sprechen, den Rückzug an, noch lange verfolgt von dem grausamen Gelächter Zebedia's, welche, die Arme in die Hüften gestemmt, auf der Schwelle ihres Hauses stand.

Galeb Jekarim.

– JERUSALEM. –

Der Schwärmer. – Ein jüdischer Pilger. – Die Mauer des Tempels.

> Nie vergess' ich dein, Jerusalem.
> *Jehuda Ben Halevy.*

Zweierlei Licht kämpfte in der kleinen düstern Dachkammer gegeneinander, das Licht der Unschlittkerze, die zum Stümpfchen herabgebrannt war, und das Licht des Morgens, das durch den grünen Vorhang hereindrang. Es war hier wie das letzte Aufflackern eines Sterbenden und dort wie der frische Athem eines Neugeborenen. Eine scheidende Seele und eine zweite, welche erwachte.

Das fahle, unruhige Licht der Kerze spielte auf den vergilbten Blättern des grossen Buches, das auf dem Tisch aufgeschlagen war, während der röthliche Schimmer des jungen Tages die bleiche Stirne des jungen Mannes beschien, der in seinem armseligen Lehnstuhl lag, in tiefes Sinnen versunken.

Seine schlanke Gestalt war in einen fadenscheinigen Kaftan eingewickelt, unter dem kleinen schwarzen Sammtkäppchen quoll schwarzes Haar in wirren Locken hervor und fiel schwermüthig in ein Gesicht, auf dem der Frühling der Jugend niemals aufgeblüht war, ein Gesicht, in das Leiden, Entsagung und Studium ihre scharfen Linien gezeichnet hatten, in dem nur die grossen Augen leuchteten, dunkle Augen, die den Himmel suchten, die sich vom Leben abgewendet hatten, in eine andere Welt, in jene Oede, in welcher jede Farbe erlischt, jeder Ton erstirbt, in welcher die Hand in das Leere tastet und nur der Gedanke herrscht, erhaben, einsam, unbeschränkt.

Er war arm und krank, dieser bleiche Galeb Jekarim, welcher die Nächte vor seinen Büchern durchgewacht hatte, und doch war er glücklich. Er hatte keine Mutter und seine Lippen hatten noch niemals den rothen Mund eines Weibes berührt, aber er hatte eine Geliebte gefunden, schöner als alle Frauen der Erde, und reicher geschmückt als alle Sultaninnen. Nichts war sein eigen, nicht einmal der Talmud, das heilige Buch, die einzige Quelle seiner Freuden, aber wenn er sich in die vergilbten Blätter versenkte, da war es, als ob ihm Fittiche wüchsen, die ihn emportrügen, hoch, immer höher, bis er endlich in einem Meer von Licht schwamm, tief unter sich den Qualm und das Gewimmel der Städte, die engen, dunklen Thäler, die weiten Flächen, die der Pflug durchzieht, die feuchte Wüste des Ozeans mit ihren segelnden Schiffen.

Da vergass er alles, seine Armuth, seine Einsamkeit, diese brennende Sehnsucht nach Liebe in seinem Herzen, diese Traumgestalten der Freude, die in stillen Nächten um ihn webten, er vergass die Schmerzen, das schleichende Fieber, das ihn quälte, nur Eines vergass er nicht.

Wenn die Sonne leise durch den grünen Vorhang drang, und die elende Wand vergoldete, da war es, als schriebe eine unsichtbare Hand mit flammenden Lettern, an diese Wand, die Worte des grossen, jüdischen Poeten, den einst Spanien gebar, den Vers Jehuda ben Halevy's: Nie vergess' ich dein, Jerusalem!

Und wenn der Mond die kleine Stube mit seinem keuschen Licht erfüllte, da schien ein silberner Finger dieselben Worte auf den rauchigen Querbalken hinzuzaubern, und wenn er in der Dämmerung des Abends auf dem Friedhof sass und träumte, da flüsterten Geisterstimmen in den Wipfeln der Zypressen: »Nie vergess' ich dein, Jerusalem!«

Ein brennendes, verzehrendes Heimweh hatte sich seiner bemächtigt, ein Heimweh nach dem Lande seiner Väter, das er niemals gesehen, das er nur aus den Schilderungen der heiligen Schrift kannte. Dieses Heimweh war endlich mächtiger als er, als sein Vaterland, als seine Familie, und es bezwang sogar seine Schwäche und seine Armuth.

Er lebte von der Liebe seiner Schwester, die ihm ein kleines Stübchen und Nahrung gegeben hatte, er hatte niemand, der ihm die Mittel zu dieser grossen Reise gegeben hätte, aber er hatte sich dennoch in dieser Nacht entschlossen aufzubrechen, und als der junge Tag die weite Fläche mit seinem goldenen Licht übergoss, setzte er den Hut auf, ergriff seinen Stock und ging ohne Abschied fort, hinaus in die Fremde, in die weite, feindliche Welt, nach dem gelobten Lande, nach Jerusalem!

Galeb schlich durch den Garten, trat durch das kleine Pförtchen heraus in das Freie und setzte seinen Weg dann zwischen den schwankenden Aehren auf dem schmalen Fusspfad fort.

Am Rande des Waldes stand eine kleine Hütte, in der Juden wohnten. Die Männer bestellten das Feld, und Midatja, die Tochter des Schalmon, dem das Bauerngut gehörte, weidete die Kühe in den Büschen.

Als sie Galeb erblickte, liess sie ihre Peitsche knallen und blickte ihn mit ihren schwarzen Augen halb theilnehmend, halb spöttisch an.

»Du hast recht, einmal hinauszugehen«, sprach sie, »Deine Wangen sind so bleich, Du lernst zu viel, Galeb, Du gehst zu Grunde zwischen Deinen Büchern.«

Galeb schüttelte den Kopf, aber er blieb stehen. Er wusste, dass das Mädchen ihm gut war und auch in seinem Herzen regte sich etwas für dieses hübsche, gesunde Geschöpf mit dem verständigen Blick.

»Du verstehst mich nicht, Midatja«, sagte er, »mich treibt eine heilige Pflicht.«

»Oh! ich weiss, was Dir fehlt«, rief sie, »eine Frau, eine Frau wie ich. Ich wollte Dir schon den Kopf zurecht setzen.«

Galeb lächelte traurig, nickte ihr zu und ging hinein in den Wald. Als er wieder aus dem Dickicht trat, hatte die Sonne das Gewölk durchbrochen und ergoss ihre Strahlen in breiten leuchtenden Garben über die weissen Nebelmassen. Es war ein erhabenes, wahrhaft biblisches Schauspiel und dabei diese Stille in der Natur, diese Feier!

Galeb Jekarim sprach laut zu sich selbst: »Dort ist Gott!« und dann erhob er die Arme und das bleiche Antlitz der Sonne zugewendet, begann er zu beten.

Galeb Jekarim wanderte zu Fuss, mit jenem Muthe und jener Ausdauer, welche eine grosse Idee dem Menschen einflösst. Er folgte der Sonne. Dort, wo sie zu Mittag stand, war das Meer und jenseits des Meeres Jerusalem. Er durchzog Galizien, die Bukowina und betrat die Moldau. Die heissen Strahlen versengten seinen Scheitel, der Regen, der Hagel peitschte seinen Nacken, Blitze zuckten um ihn, Spott und Hass schlug an sein Ohr, aber nichts konnte ihn aufhalten. Er wanderte unermüdlich.

Wenn die Nacht anbrach, bettelte er um Nachtquartier, um etwas Nahrung, dort, wo er an der Pforte die kleine Rolle mit einem Talmudspruch erblickte, und überall fand der arme jüdische Pilger offene Thüre und offene Herzen.

Nicht selten übernachtete er auch in einem Busch oder in dem Versteck, das ihm die Garben auf dem Felde boten.

In einem kleinen Karpathenthal fiel er in die Hände von Räubern. Er dachte nicht daran, sich zu vertheidigen. Als er sich von den wilden Gesellen umringt sah, sprach er ruhig: »Ich bin ein Pilger, der nach Jerusalem wandert.«

Was war es in diesem bleichen Antlitz, was die Mordgesellen bewegte?

»Nach Jerusalem«, wiederholte der Hauptmann. Alle betrachteten ihn mit einer Neugierde, in die eine Art Ehrfurcht gemischt war. Dann winkte ihm der Hauptmann ihnen zu folgen.

In einer Felsenhöhle, vor der ein grosses Feuer loderte, boten ihm diese Ausgestossenen ein Lager und luden ihn ein, mit ihnen zu essen. Als er am Morgen weiterzog, sagte der Hauptmann: »Bete auch für uns, wenn Du dort bist, es gibt doch nur einen Gott über uns allen.«

Endlich die Donau, das Meer. Da lag die feuchte Wüste vor ihm, mit ihrem Silberschein, ihren wandernden Segeln, ihren Küsten, die sich in der Ferne verloren.

Ein türkischer Kapitän nahm ihn auf sein Schiff. Da er nicht bezahlen konnte, sollte er ihm als Matrose dienen. Doch schon in der zweiten Nacht kam ein Sturm. Das Schiff verlor seine Maste und das Wrack wurde von einem Korsaren aus Tripolis gekapert.

Galeb Jekarim wurde von dem Piraten als gute Prise betrachtet und in einer kleinen Stadt an der Küste von Kleinasien auf den Sklavenmarkt gebracht. Hier kaufte ihn ein reicher Muselmann, der ihn zum Gärtner machte, ihn, der niemals eine andere Blume beachtet, als jene, die aus den Versen der Bibel emporblühen oder zwischen den Legenden des Talmud.

Der Garten war eine kleine Wildniss voll Zypressen und Blumen, mit Duft erfüllt und von den blauen Meereswogen bespült. Jedesmal, wenn Galeb Jekarim durch die Orangen- und Zitronenbäume den leuchtenden Spiegel erblickte, auf dem irgend ein Segel schwamm, seufzte er auf: »Nimmer vergess' ich dein, Jerusalem!« und heisse Thränen überströmten seine eingesunkenen Wangen, wenn die holde Lewana, wenn der Mond an dem blauen Himmel heraufzog und silberne Brücken baute über das Meer hinüber.

Mehr als einmal war Galeb nach Sonnenuntergang einer Frau begegnet, die ganz in einen weissen Burnus und einen weissen Schleier gehüllt, einem Geiste gleich, durch die Laubgänge schritt. Jedesmal blieben ihre dunklen

Augen auf dem Sklaven ruhen, der sich vor ihr niederwarf und das Haupt zur Erde neigte.

In einer mondhellen Nacht, als er an dem Ufer des Meeres sass und betete, legte die Türkin ihm plötzlich die kleine weisse Hand auf die Schulter. »Still!« murmelte sie, »antworte rasch auf meine Fragen. Du bist unglücklich. Hast Du ein Weib, eine Braut in Deinem Lande, die Du liebst?«

Galeb Jekarim schüttelte den Kopf.

»Weshalb weinst Du also?«

»Ich war auf der Pilgerfahrt nach Jerusalem,« gab er zur Antwort, »als mich die Räuber gefangen nahmen, ich fühle, dass mir der Todesengel nahe ist, und ich kann nicht sterben, ehe ich nicht die heilige Erde geküsst habe, ehe ich nicht Gott angerufen habe, dort im Lande der Verheissung.«

Die Türkin sah ihn staunend an, dann schlug sie langsam den Schleier zurück und den goldgestickten Haremspelz auseinander.

»Bin ich nicht schön?« fragte sie.

»Ja, Du bist schön«, erwiderte Galeb.

»Dann schenk' mir Dein Herz, denn ich liebe Dich.«

Sie schlang die mit goldenen Reifen bedeckten Arme um ihn und küsste ihn.

Galeb schauerte zusammen. »Verlange mein Leben«, murmelte er, »aber nicht mein Herz. Es ist dort, wo die Mauer des Tempels gegen den Himmel ragt und die Gläubigen an Jehovah mahnt. Ich darf Dich nicht lieben.«

Die Türkin neigte traurig den Kopf, dann richtete sie sich plötzlich auf, verhüllte ihr Antlitz und machte Galeb ein Zeichen, ihr zu folgen. Im Dickicht zeigte sie ihm einen Kahn, in dem ein Ruder lag.

»Wenn Du muthig bist«, sprach sie, »fliehe, rette Dich.«

Galeb kniete vor ihr nieder, presste die Lippen auf ihren kleinen Fuss, sprang in den Kahn und stiess ab.

Noch lange sah man die Türkin am Ufer stehen und mit ihrem Schleier winken. Dann verschwamm alles in der silbernen Dämmerung des Mondes, das schöne Weib, die Bäume, das Landhaus, und ringsum war nichts als das Meer und der leuchtende Himmel.

Ein englisches Schiff hatte den Pilger aufgenommen und in Jaffa an das Land gesetzt.

Von neuem begann die Wanderung auf steinigen Wegen, auf denen die heisse Sonne brütete, durch Kaktusgestrüpp, durch öde, kahle, traurige Felsen, nur selten zeigte sich eine Ortschaft, von Zeit zu Zeit eine Zisterne, an welcher der Pilger seinen Durst löschen konnte.

Das Fieber brannte in seinen Adern, seine Kräfte liessen nach, aber er ging trotzdem vorwärts. Er hatte nicht den Muth, lange zu rasten, er fürchtete einzuschlafen und nicht mehr zu erwachen, aber er hatte den Muth, der Sonnengluth Trotz zu bieten, dem Hunger, dem Durst, der Erschöpfung.

Nachts hörte er Stimmen, die ihm Trost zusprachen, und eine weisse Gestalt schien vor ihm zu schweben, und ihm den Weg zu weisen, ein Engel des Himmels.

Und endlich, am Morgen, die Mauern der heiligen Stadt.

Jerusalem!

Galeb Jekarim warf sich auf sein Antlitz nieder und küsste die geweihte Erde, dann erhob er sich und schritt eilig vorwärts. Er fühlte keine Mattigkeit mehr, keinen Hunger, keinen Durst. Goldene Kuppeln glänzten im Morgenlicht. Auf seinem Wege waren jetzt Obstbäume, ein Wald von Kakteen, rothe, flammende Blüthen und ein frisches Grün, hier eine Flur von Anemonen, Skabiosen, Schwertlilien, dort ein Hain von grossen, farbigen Disteln. Ueber ihm leuchtete der reine Himmel und um ihm war diese balsamische Luft, der Duft der Rosen und Trauben von Kanaan.

Jerusalem!

Er blickte nicht rechts, nicht links, er eilte vorwärts.

Noch hundert Schritte!

Da war die heilige Mauer, ein Rest jener hohen, mächtigen Terrassen, auf denen einst der Tempel gestanden hatte.

Am Fusse dieser Mauer sank der Pilger hin.

Er erhob sich noch einmal, um gegen die Steine gelehnt, mit lauter Stimme sein Gebet zu sprechen, das wie ein Jubellied aus voller Seele erklang, und glitt dann noch einmal zur Erde, um nicht wieder aufzustehen.

Vor ihm stand leuchtend der Bote mit den weissen Flügeln, der ihn geleitet hatte, und hoch oben ertönte Gesang …

Galeb lehnte sich zurück an die heilige Mauer, und das letzte Wort, das über seine Lippen kam, wie ein Hauch, ein seliger Seufzer, war: Jerusalem!

Wie Slobe ihre Schwester verheirathet.

– BELGIEN. –

Werbung und Hochzeit.

Auf dem grossen Platze, wo das alte gothische Rathhaus stand, befand sich auch das Haus der Familie Ohrenstein und deren Magazin für Damentoilette. Man fand in demselben alles, vom Hut bis zum Schuh herab, und ausserdem zwei bildhübsche Mädchen, die Töchter Ohrenstein's, welche den Käufer anzogen. Die Frauen kauften lieber, wenn sie die Sachen erst auf dem Kopfe oder an dem Körper der schlanken schwarzen Slobe oder der üppigen blonden Bele gesehen hatten, und die Männer traten ein, um die beiden Schönen zu bewundern.

Die jüngere, Slobe, liebte die Lektüre und kam manchmal selbst in die Buchhandlung und Leihbibliothek des Louis Jadassohn, um neue Bücher zu wählen. Jadassohn war ein junger, hübscher, eleganter Mann, gebildet, nicht ohne Geist und Slobe sprach immer drei Sprachen zugleich, eine verständige, nüchterne mit den rothen Lippen, eine schalkhafte, mit ihren dunklen Augen und eine gleichfalls stumme aber kokette Zeichensprache mit ihren reizenden, kleinen Händen, die unermüdlich in den abgegriffenen Bänden blätterten, welche ihr der junge Buchhändler vorlegte. Immer häufiger wurden die Besuche Slobe's im Buchladen und sie selbst immer wählerischer in Bezug auf ihre Lektüre, während Jadassohn sie immer zärtlicher anblickte.

Eines Abends flüsterte er ihr zu: »Die erlebten Romane sind doch schöner als die gedruckten.«

»Oh gewiss!« erwiderte die schlaue Slobe, »aber ich mag nur Jene, wo die Liebenden zuletzt heirathen.«

Am nächsten Tage kam Jadassohn im Frack und weisser Kravatte zu Ohrenstein und bat um Slobe's Hand. Ohrenstein rief seine Tochter. »Willst Du ihn?« fragte er lächelnd.

Slobe nickte.

»Gut, abgemacht«, sagte Ohrenstein und gab Jadassohn die Hand, »aber geheirathet wird nicht, ehe nicht Bele unter der Haube ist.«

Das war nun eine schwere Bedingung, aber alle Bitten der Liebenden waren nicht im Stande, Ohrenstein zu rühren, er blieb fest.

Slobe's ältere Schwester Bele, war früher viel umworben worden, aber ihr böser Engel hatte eines Tages einen jungen Maler in das kleine Städtchen am Fusse der Argonnen geführt, und dieser hatte sie als Esther, auf üppigen Kissen ausgestreckt, gemalt. Seither war das schöne Mädchen von masslosem Stolz erfüllt und zeigte sich so spröde und wählerisch, dass endlich kein Mann mehr den Muth hatte, um sie zu werben, und sie das fünfundzwanzigste Jahr erreicht hatte, ohne den goldenen Reif am Finger.

Slobe kam noch denselben Abend in die Buchhandlung und die Liebenden beriethen.

»Wir müssen Bele verheirathen«, entschied Slobe, »ich nehme meine Schwester auf mich, und Sie müssen den Bräutigam zur Stelle schaffen.«

»Das wird nicht so leicht sein«, sagte Jadassohn seufzend.

Nachdem Slobe ihn verlassen, dachte er nach, aber er fand unter allen seinen Bekannten niemand, den er Bele zu präsentiren gewagt hätte.

Da kehrte eines Tages der Sohn seiner Hausfrau aus Genf zurück, wo er in einer Uhrenfabrik gearbeitet hatte. Die Wittwe Schnick, seine Mutter, war wohlhabend und gab ihm das Geld, um sich zu etabliren, und Simon Schnick war ein junger Mann von zweiunddreissig Jahren, der die Welt gesehen hatte und der einem Mädchen wohl gefallen konnte.

Das Opfer war also gefunden, und sofort begannen Slobe und ihr Bräutigam zu operiren.

Bei der nächsten Sabbathpromenade machte Jadassohn den Uhrmacher auf Bele aufmerksam. Schnick fand sie superb. Slobe wieder flüsterte der Schwester zu: »Wer mag denn der feine hübsche Mann sein, der mit Jadassohn geht?«

»Ein Fremder«, sagte Bele, »unsere Herren sind nicht so distinguirt.«

Den nächsten Tag, beim Mittagessen, begann Jadassohn den jungen Schnick zu necken. »Sie sind ja ein wahrer Fraueneroberer«, sagte er, »Sie haben Glück bei den Damen. Erinnern Sie sich des schönen Mädchens von gestern?«

»Bele Ohrenstein?«

»Ja, sie ist entzückt von Ihnen.«

Und Slobe flüsterte ihrer Schwester zu: »Bele, Du hast schon wieder einen Sklaven an Deinen Triumphwagen gespannt.«

»Wen denn?«

»Den schönen, eleganten jungen Mann, den Du für einen Fremden angesehen hast. Es ist Simon Schnick. Er schwärmt für Dich.«

»Wenn Sie sich etabliren wollen, müssen Sie unbedingt eine Frau nehmen«, sprach wieder der Buchhändler zum Uhrmacher. »Eine reiche Frau und eine schöne Frau, welche die Kunden anzieht. Sie können keine bessere Wahl treffen, als Bele.«

»Aber sie soll sehr stolz sein«, erwiderte Schnick, »sie wird mich nicht nehmen.«

»Ich sage Ihnen ja, dass sie sterblich in Sie verliebt ist.«

Den nächsten Tag führte Jadassohn den Uhrmacher bei Ohrenstein ein. Slobe hatte alles prächtig in Scene gesetzt. Frau Porges, die Gattin des reichen Wechslers kam einige Minuten vorher in das Geschäft Ohrenstein's. Sie spielte Slobe zu lieb in der Komödie mit und verlangte eine kostbare neue Toilette zu sehen, welche eben von Paris angekommen war. Auf Vorschlag Slobe's probirte Bele dieselbe, und die beiden Herren kamen eben an, als Bele, strahlend vor Schönheit, in die eleganteste Pariser Weltdame verwandelt, mitten im Laden stand.

Schnick war mit allen seinen Bedenken zu Ende, er ergab sich und machte Bele feurig den Hof. Diese zeigte sich wider Erwarten liebenswürdig und schenkte ihm sogar ein paar ermunternde Blicke.

Trotzdem zweifelte der Uhrmacher noch an seinem Sieg. Und nun entstand eine neue Schwierigkeit. Frau Schnick hatte bereits eine Braut für ihren Sohn erwählt, Clara ben Schoren, die Tochter eines reichen Kürschners in Gent.

»Oh! Das ist lächerlich«, rief der Buchhändler, »einem Manne wie Sie ein solches Mädchen vorzuschlagen.«

»Wie das?«

»Erstens schielt sie auf einem Auge. Dann hat sie einen Klumpfuss, und endlich – die Motten, die sie aus ihrem Geschäfte mitbringen muss.«

»Sie haben recht, ich nehme sie nicht.«

Denselben Tag noch hielt Simon Schnick um Bele an und erhielt ihr Jawort und den Segen der Eltern. Es gab zwei glückliche Paare im Städtchen und alles rüstete sich zur Hochzeit.

Von Nah und Fern kamen die Verwandten, die Gäste herbei, nicht etwa nur aus Brüssel, Antwerpen und Amsterdam, sogar aus London, Paris, Genua, Frankfurt, Warschau und Prag. Man sah die merkwürdigsten Typen, vom Börsenmakler bis zum Dorfjuden, von der eleganten Weltdame bis zur simplen Gänsehändlerin herab, Herren im Frack mit Dekorationen und alte, langbärtige Männer im langen Kaftan den Hut auf dem Kopf, Frauen in kostbaren Brokatroben, mit Diamanten bedeckt und alte Tanten im verblichenen Seidenüberrock mit antidiluvianischen Roben, und alle, schön oder lächerlich, einflussreich oder unbedeutend, reich oder arm, wurden mit derselben Liebe und Achtung aufgenommen.

Da Grossvater Ohrenstein und Grossvater Jadassohn ziemlich orthodox waren, so beobachtete man bei dieser Hochzeit mehr von den alten Bräuchen, als es sonst noch im Lande Mode war.

Man feierte deshalb die Hochzeit am Abend. Nachdem die beiden Bräute von ihrer Mutter und ihren Cousinen angezogen worden waren, traten sie beide in den Salon hinaus, beide in schleppender weisser Atlasrobe, einen Orangenblüthenkranz auf dem Kopf, einen kleinen Strauss in der Hand. Sofort wurden sie von ihren Freundinnen und den Mädchen aus ihrer Verwandtschaft umringt und nahmen von ihnen Abschied unter Küssen und Thränen. Zuletzt nahm Bele ihren Brautkranz ab und gab ihn der jüngsten unter den Mädchen, Sorl van Ruben, und Slobe den ihren Katalin Meerboom.

Dann begaben sich die beiden Bräute in das Nebenzimmer, wo die älteren Verwandten versammelt waren. Sie knieten eine nach der anderen vor ihren Eltern nieder, baten sie um Vergebung und empfingen deren Segen.

Hierauf beteten sie einige Zeit aus der Thina.

Nach beendetem Gebet erschienen wieder die jungen Mädchen und führten die beiden Bräute zu dem Bedeckstuhl. Nachdem die Schwestern auf dem erhöhten Sitz, wie auf einem Throne Platz genommen hatten, trat der Rabbiner ein. Er warf zuerst Bele ein mit Gold verbrämtes Seidentuch, das sogenannte Decktuch über den Kopf und sprach: »Gelobt seist Du, Gott, unser Herr, Herr der Welt, der Du gebildet den Menschen nach Deinem Ebenbild, Du hast aus ihm geschaffen einen Bau für die Ewigkeit. Und so sei denn die Pessula (Jungfrau) Bele geweiht dem Ehestande. Werde wie eine Rebe, blühend in Deinem Hause, und Deine Kinder mögen Dich umgeben wie Oelzweige. So behüte Dich Gott und segne Dich. Gott gebe Dir den Frieden. Amen!«

Dieselbe Zeremonie wiederholte sich bei Slobe, dann banden die Brautjungfern beiden das Tuch in Form eines Turbans und während alle Verwandten und Gäste sie umgaben, trat der Narr vor und begann sein Lied.

Er sang eine Art Chronik aller drei betheiligten Familien und zugleich einen Lobgesang auf die Eltern, dann schilderte er das Leben der beiden Bräute und pries ihre Schönheit und Geistesgaben. Er verglich die schöne Bele mit der goldhaarigen Sulamith des hohen Liedes, die sich wie Morgenroth aus den Wolken erhebt und Slobe mit der Königin Esther, zu deren Füssen der mächtigste Herrscher lag. Er sprach von der Ehe, ihren Freuden und Pflichten und pries zuletzt die Frauen, indem er Sprüche des Talmud in seine Reime verwob.

Drei Dinge erheitern das Herz im Leib, Eines davon ist das schöne Weib.

Wer ohne Weib lebt auf Erden, Verdient nicht Mensch genannt zu werden.

Bereite Deinem Weib Vergnügen, Sie hilft Dir ernten und pflügen.

Des Weibes Tugend, so gross und hoch, Macht uns leichter Egyptens Joch.

Fiel ein gutes Weib zum Lohne Dir, Was brauchst Du noch auf Erden hier.

Als der Narr geendet hatte, meldete der Schames, dass im Tempel alles bereit sei, die Wagen fuhren vor, und die ganze zahlreiche Gesellschaft setzte sich in Bewegung.

In der glänzend erleuchteten Synagoge erwartete der Rabbiner die beiden Paare. Nachdem die Ketuba, die Heirathsurkunde, verlesen war, wurde zuerst Bele ihrem Chassan (Bräutigam) unter dem seidenen Chupo (Trauhimmel) verschleiert zugeführt. Der Rabbiner gab Simon den Ring, den dieser Bele mit den Worten an den Finger steckte: »Ich gelobe mich Dir für die Ewigkeit, ich gelobe Dich mir in Tugend und Gerechtigkeit, in Treue und Wahrheit, auf dass Du Gott erkennst.«

Hierauf empfing Simon aus den Händen des Rabbiners einen Becher mit Wein, den er zur Erde warf. Wie der Becher nicht wieder ganz werden kann, so soll die Ehe niemals getrennt werden.

Nachdem der Rabbiner das Paar gesegnet hatte, sprach er: »Erfreue Gott diese, die im treuen Bunde der Liebe zusammenhalten, wie Du die ersten Menschen erfreut hast im Paradiese. Gelobt seist Du, Gott, der erschaffen Braut und Bräutigam zur Freude, zur Einigkeit und Liebe. Halte ferne von ihnen Schmerz und Gram und geleite sie zum Heil, Amen!«

Damit war die Ehe geschlossen.

In gleicher Weise wurde die schwarzäugige Slobe mit Jadassohn vereint.

Dann drängten sich alle an die beiden neuvermählten Paare heran, um Glück zu wünschen und jeder von den Gästen bekam einen Splitter von dem zerbrochenen Becher als Andenken.

Eine Rede des Rabbiners voll von orientalischer Weisheit und Bilderpracht schloss die Feier.

Alle kehrten in das Haus Ohrenstein's zurück, und hier begann jetzt das Hochzeitsmahl. Während desselben unterhielt der Narr die Gesellschaft, und als man sich erhob, erschienen die Sänger des Tempels und sangen die schönen alten Hochzeitsweisen.

Den Schluss bildete ein Ball. Grossvater Ohrenstein und Grossvater Jadassohn wurden schliesslich heiter, und da zu ihrer Zeit bei den Juden nur Männer mit Männern und Frauen mit Frauen tanzen durften, tanzten die beiden alten Herren unter allgemeinem Jubel zusammen.

»Wie sich alles ändert«, sagte zuletzt Grossvater Jadassohn, »da haben wir zwei Hochzeiten auf einmal, ohne Schadchen.«

»Oh! doch nicht!« rief Bele lachend, »der Schadchen war Slobe.«

Frau Leopard.

– POLEN. –

Jüdische Justiz. – Beschdin. – Der Rosche.

Die kleine Stadt Zamosta an der Weichsel war vorwiegend von Juden bewohnt. Die wenigen Christen lebten in bester Eintracht mit denselben, nur einer unter ihnen war ein grimmiger Judenfeind, was die polnischen Juden einen »Rosche« nennen. Er war ein Beamter des Magistrats Agenor Koscieloski. Er neckte und verfolgte die Juden, wo sich nur eine Gelegenheit dazu ergab und wurde von allen gefürchtet und gehasst.

Begegnete er einem jungen Elegant im schwarzen Atlastalar, der sich seiner schönen Schmachtlöckchen freute, fragte er ihn ernsthaft, ob er Korkzieher zu verkaufen habe.

Nie konnte er einer Butka, einem jener mit Leinwand gedeckten langen Wagen begegnen, in denen die polnischen Juden wie Heringe zusammengepfercht sitzen, ohne dass er die Insassen derselben laut, mit dem Finger auf sie deutend, zu zählen begann. Vergebens jammerten die Unglücklichen, welche sich bereits sämmtlich dem Schwerte des Todesengels verfallen sahen2, vergebens schrieen sie ihm die lächerlichsten Schimpfworte, die schrecklichsten Flüche zu, er hörte nicht auf, ehe er nicht seine Unthat vollendet hatte.

Traf er auf der Strasse einen Handelsjuden, Schnorrer oder Fuhrmann, der neben seinen Pferden herging, so richtete er gewiss an ihn die freundliche Frage: »Was thut sich in Pintschew?« und der Jude spuckte wüthend aus, antwortete aber gewissenhaft: »Es tugt.«3

Diese Scherze waren am Ende noch unschuldig, aber er that andere Dinge, die weniger unschuldig waren.

Niemand liebte den Rosche, aber mehr als alle hasste ihn Frau Leopard, eine junge hübsche Wittwe, die gut erzogen, gebildet und ziemlich aufgeklärt, aber trotzdem eine gute Jüdin war und jede Beleidigung ihres Stammes zugleich als eine persönliche auffasste. Sie hatte ihm Rache geschworen und wartete nur auf eine günstige Gelegenheit um Koscieloski empfindlich zu bestrafen.

Ein junger, hübscher Kaufmann, David Zadokin, bewarb sich schon seit längerer Zeit um ihre Hand. Sie begünstigte ihn unter allen ihren Bewerbern, aber zögerte noch, das entscheidende Wort auszusprechen.

Um sie vollends zu besiegen, sprach Zadokin die Absicht aus, den Rosche herauszufordern, doch als Frau Leopard es erfuhr, verbot sie ihm das Duell. »Ich selbst will ihn züchtigen«, sagte sie, »und in einer Weise, die ihn für immer unschädlich macht.«

Koscieloski wohnte bei einem jüdischen Schneider, Oser Weinstock, der auch für Frau Leopard arbeitete. Die hübsche Wittwe hatte den Schneider stets zu sich beschieden, kam aber jetzt jedesmal, wenn es etwas Neues zu bestellen oder anzuprobiren gab, zu ihm. Sie berechnete schlau die Wirkung ihrer Reize auf den Judenfeind. Als dieser ihr das erste mal auf der Treppe begegnete, sah er sie starr an, das zweite mal, wo er sie im Hausthor traf, grüsste er sie bereits, das dritte mal kam sie, um ein Kleid zu probiren.

»Ich wette, Herr Koscieloski blickt durch das Schlüsselloch«, flüsterte der Schneider, indem er pfiffig mit den Augen zwinkerte, »er sagte mir erst gestern, Sie wären die schönste Dame in Zamosta.«

»Um so besser«, erwiderte Frau Leopard und beeilte sich ihre Jacke und Taille abzulegen. Als sie dann Büste und Arme entblösst, vor Weinstock stand, der die neue Taille probirte und mit Nadeln und Kreide arrangirte, blickte sie unwillkürlich nach der Thüre, hinter der in der That Koscieloski stand, und ein boshaftes Lächeln spielte um ihre rothen Lippen.

Als sie fort war, nahm der Rosche seinen Hut und rannte hinaus in das Freie. Die Waldluft, die Ruhe der Felder, besänftigte etwas sein Blut, als er aber in die Stadt zurückkehrte, zog es ihn doch wieder zu dem Hause der hübschen Jüdin hin. Er stand lange auf der Strasse in einem dunklen Winkel und war zufrieden, als er einmal ihre Hände über die Tasten des Pianos hingleiten hörte und zweimal ihren Schatten an der hellen Gardine vorüberschweben sah.

Nachdem er einige Zeit gekämpft hatte, sagte er sich eines Tages, dass er sterblich in dieses Weib, die Tochter einer verhassten Rasse, verliebt sei, und dass ihm nichts übrig bleibe, als sich eine Kugel durch den Kopf zu jagen, oder sich dem schönen Satan zu ergeben.

Koscieloski zog das letztere vor.

Frau Leopard hatte in ihrem Hause einen kleinen Juwelenladen. Als Koscieloski sie eines Abends in demselben allein sah, trat er ein, bat sie, ihm einige Ringe vorzulegen und sagte plötzlich, indem er ihre Hand ergriff: »Welche Hand! ein Kunstwerk aus Elfenbein.«

»Die Hand einer Jüdin, Herr Koscieloski«, erwiderte Frau Leopard spöttisch, ohne jedoch ihre Hand zurückzuziehen.

»Das Weib bleibt schön unter jedem Himmelsstrich und in jeder Sphäre«, sagte der Rosche. »Sie könnten ebenso gut als Gräfin oder Sultanin geboren sein.«

»Wie galant mit einem Male!«

»Sie strafen mich, schöne Frau, indem Sie mich an meine Abneigung gegen die Juden erinnern. Ich gebe dieselbe zu, aber sie macht ja Ihren Sieg um so grösser.«

»Sie sind sehr ungeduldig, Herr Koscieloski, wir sind ja bereits bei der Liebeserklärung angelangt.«

»Wozu verbergen«, murmelte er, »was Sie ja doch auf den ersten Blick errathen haben. Ja, Frau Leopard, ich bin rasend verliebt in Sie.«

»Und was weiter?«

»Erlauben Sie mir, mich um Ihre Hand zu bewerben.«

»Ich bin doch eine Jüdin, Herr Koscieloski.«

»Das ist kein Hinderniss, sobald Sie meinen Wünschen Gehör schenken.«

»Wir wollen sehen«, sprach sie immer liebenswürdig und kokett, »aber ich muss Sie doch erst kennen lernen.«

»Gestatten Sie mir also, Sie zu besuchen?«

»Gewiss, mit Vergnügen.«

Koscieloski küsste der hübschen Jüdin galant die Hand und verliess sie für diesmal, kam aber schon am folgenden Vormittag, um ihr seine erste Visite zu machen und erschien dann jeden Abend in ihrem Laden oder in ihrem kleinen Salon, um mit ihr zu plaudern und ihr feurig den Hof zu machen.

Es gab jedesmal eine lebhafte Diskussion zwischen ihnen. Frau Leopard warf ihm seine Feindschaft gegen die Juden vor und er vertheidigte sich so gut er konnte, musste aber jedesmal vor der geistreichen und schlagfertigen Jüdin die Waffen strecken.

Als letzte Karte spielte er Shakespeares Shylock aus.

Frau Leopard begann laut zu lachen: »Sie wissen also nicht«, rief sie, »was der italienische Historiker Lotti in seinem Leben Syxtus V. erzählt? Im 16. Jahrhundert fand in Rom zwischen einem Christen, Namens Secchi, und einem Juden, Sansone Ceneda, eine Wette statt. Der Christ setzte hundert Scudi ein und verlangte vom Juden als Einsatz ein Pfund von dessen Fleische. Der Christ gewann die Wette und forderte sein Fleisch, aber der erleuchtete Papst gab ihm unrecht und verwies Beide aus Rom. Es gab also wirklich einen Shylock, aber er war ein Christ und hiess Paolo Marini Secchi.«

Koscieloski war vollständig besiegt, er ergab sich und bat um Gnade, die ihm zum Schein von dem schlauen Weibe gewährt wurde. Sie versprach, sich taufen zu lassen und ihm ihre Hand zu reichen, wogegen der Rosche sein Ehrenwort gab, die ganze Sache vorläufig mit dem strengsten Stillschweigen zu behandeln, um nicht vorzeitig die ganze Familie der Frau Leopard gegen dieselbe aufzuregen. Im Rausche des Liebesglückes sank Koscieloski zu den Füssen der reizenden Jüdin und empfing den ersten Kuss von ihren duftigen Lippen. Dann hiess sie ihn gehen, und als er draussen war, drohte sie ihm mit der geballten Faust und murmelte: »Jetzt habe ich Dich und will Dich belohnen, wie Du es verdienst, verliebter Thor!«

Ein heiterer Zufall kam dem Racheplan der hübschen Wittwe zur Hülfe. Der Schneider Oser Weinstock hatte den Kredit seiner Mitbürger bis auf das Aeusserste missbraucht, ihre Geduld war zu Ende, und da der polnische Jude den Glaubensgenossen ungern vor Gericht belangt, so verklagten die Gläubiger des Schneiders denselben bei dem Rabbiner und dieser lud den kleinen Schneider Weinstock vor den Beschdin.

An dem Verhandlungstage hatte der Schames, der Gemeindediener, Mühe, die Kläger an der Thüre des Saales im Zaum zu halten, und als endlich die Rabbiner Rabbi Lewensohn, Reb Baruch und Reb Krakier an der mit einem grünen Tuch bedeckten Tafel Platz genommen, stürzten alle zugleich schreiend herein, allen voran Haim Mojsewitsch, der Schlächter, ein Goliath an Gestalt und Lidde Fiebisch, die Mehlhändlerin.

Zuletzt erschien verlegen und lächelnd der arme Schneider.

Nachdem einige Zeit alle zugleich geschrieen, gejammert, gedroht und gestikulirt hatten, gelang es der Stimme des Rabbiners und den Fäusten des Schames, einigermassen die Ordnung herzustellen, so dass Einer nach dem Andern vortreten und seine Klage anbringen konnte. Der Kaufmann Hirsch Glückskind schwor, dass Weinstock seit Jahren bei ihm Seide, Sammt und andere Stoffe für genau 861 Rubel genommen und bis nun nicht mehr als 11 Rubel bezahlt habe, der Kürschner Eisig Iserles hatte gar 1250 Rubel zu fordern, der Kurzwaarenhändler Just Fassel hatte für 230 Rubel Waare geliefert und 114 Rubel erhalten. Der Fleischer Haim forderte 62 Rubel ein, der Bäcker Fantes 34 Rubel, die alte, zahnlose Gänsehändlerin Chave Krendel 17 Rubel und die kleine erboste Lidde 12 Rubel für Mehl. Die letztere schrie am meisten, wahrscheinlich weil sie am wenigsten zu fordern hatte und hielt nach jedem Satz, den sie sprach, dem zitternden Schneider die geballte Faust, als eine Art Schlusspunkt unter die Nase.

Der Geklagte erklärte mit einer jämmerlichen Miene, er habe kein Geld und könne deshalb nicht zahlen.

»Aber Sie haben doch immer verdient«, warf der Rabbiner ein.

»Nicht mehr, als was nöthig war, um nicht Hungers zu sterben.«

»Wozu haben Sie denn immer wieder Stoff genommen und Band und Knöpfe und Fischbein?« fragte Reb Krakier.

»Gott hat die Welt erschaffen aus Nichts«, erwiderte Weinstock. »Das ist wahr, aber Gott selbst hat müssen Felle nehmen, um Adam und Eva Röcke anzufertigen, nachdem er sie aus dem Paradies verjagt hatte. Und ich soll Kleider machen aus Nichts? Ich kann nicht eine Robe machen aus Feigenblättern und einen Pelz aus Spinnweben fertigen.«

»So bezahlen Sie Jedem etwas in Raten«, schlug Reb Baruch vor.

»Es ist doch alles eins«, erwiderte Weinstock, »ob ich die Raten schuldig bleibe oder das Ganze.«

Der Beschdin erwies sich diesem furchtsamen, demüthigen Menschen gegenüber, der keiner Frage, keinem Vorwurf, keinem Vorschlag Stand hielt, ohnmächtig und begnügte sich schliesslich damit, die Forderungen anzuerkennen und Oser Weinstock zu verurtheilen, als dieser sich aber durch ein Hinterpförtchen verloren hatte, sprach Rabbi Lewensohn: »Ihr bekommt doch alle zusammen keine Kopeke von ihm, und da Ihr doch nicht das Herz haben werdet, einen Juden bei Gericht zu verklagen, ihn zu pfänden, ihm das Letzte zu nehmen …«

»Nein, nein«, riefen alle.

»So gebe ich Euch einen Rath. – Prügelt ihn einmal tüchtig durch, das ist noch das Beste, aber so, dass die Behörde nichts davon erfährt und nicht gegen Euch einschreiten kann.«

»Ja, ja!« rief der Chor und alle zusammen zogen in die Schenke des Strohsack, wo sie sich Muth tranken und Kriegsrath hielten.

Nun lauerten jeden Abend an der Strassenecke sieben dunkle Gestalten, aber die hübsche, derbe Lidde schwang umsonst ihren Ochsenziemer mit wilder Grazie, Oser Weinstock war schlau wie ein Fuchs, und seine Gläubiger gaben endlich alle Hoffnung auf, ihm jemals den Pelz bläuen zu können.

Da hörte Frau Leopard von dem homerischen Streit und sofort entwickelte sie ihrem Anbeter, dem jungen Kaufmann Zadokin, einen schlauen, köstlichen Plan, welcher sie endlich zum Ziele führen und den ahnungslosen Rosche ihrer Rache preisgeben sollte.

Sie kam noch denselben Tag zu Oser Weinstock und bestellte eine neue Kazabaika. Als dieselbe fertig war, schrieb sie Koscieloski und bat ihn, sie Abends um 8 Uhr, wo in Zamosta keine Katze mehr auf der Strasse war, hinter der katholischen Kirche zu erwarten.

Es war ein frostiger Februartag, trotzdem erschien der Pole pünktlich und bald kam auch die hübsche Jüdin in einen grossen Pelz gehüllt und dicht verschleiert.

»Ich komme nur für zwei Minuten«, sagte sie, »man hat unser Verhältniss entdeckt und bewacht mich. Es bleibt nichts übrig, als dass Sie mich entführen, Herr Koscieloski, ich bin sonst meines Lebens nicht sicher, sobald ich mich taufen lassen will.«

»Sie machen mich zum Glücklichsten der Sterblichen«, rief Koscieloski und bedeckte ihre Hände mit Küssen.

»Ich muss Sie jedoch vorher sprechen«, fuhr die schlaue Wittwe fort, »alles muss genau verabredet werden.«

»Natürlich.«

»Sie werden also heute Abend um neun Uhr in den Kleidern Weinstock's, mit einem falschen Bart und falschen Peisselöckchen zu mir kommen und mir die Pelzjacke bringen, die er für mich gemacht hat.«

»Ausgezeichnet«, rief Koscieloski, »ich eile, Ihrem Befehl Folge zu leisten.«

Beide entfernten sich nach verschiedenen Richtungen.

Koscieloski erlangte für fünf Rubel leicht ein vollständiges Einverständniss mit Weinstock. Dieser gab ihm seine Kleider und Punkt neun Uhr trat der Rosche im jüdischen Kaftan, die Jarmurka auf dem Kopfe, das Gesicht durch einen röthlichen Bart und Löckchen entstellt, die Kazabaika auf dem Arme, in das Ankleidezimmer der hübschen Jüdin.

Indess hatte Zadokin sich gleichfalls vermummt und den Gläubigern des Schneiders im Vertrauen mitgetheilt, dass Oser Weinstock um neun Uhr bei Frau Leopard sein werde.

Die hübsche Jüdin war so vorsichtig gewesen, zwei Freundinnen, Frau Salon und Frau Abrahamowitsch, einzuladen. Ihre Anwesenheit zwang Koscieloski, in der Rolle zu bleiben. Die beiden Frauen bewunderten erst einige Zeit die prächtige Pelzjacke, dann schlüpfte Frau Leopard mit Hilfe Koscieloski's in dieselbe und trat vor den grossen Spiegel. Oh! sie war schön in dieser Kazabaika von purpurrothem Sammt, ausgeschlagen und gefüttert mit Hermelin, der sich so weich an ihren schlanken Leib schmiegte. Koscieloski sah nur den Hals, um den die zarten Härchen spielten, die Hüften, die sich in dem schwellenden Pelzwerk abzeichneten, und bemerkte nicht, was hinter ihm vorging. Zadokin hatte leise die Thüre geöffnet und die Gläubiger des Schneiders waren auf den Fussspitzen hereingeschlichen.

Plötzlich fasste Haim den Rosche beim Kragen und zugleich traf ihn die kräftige Lidde mit dem Ochsenziemer. Alle schrieen zugleich: »Haben wir Dich endlich, Schneiderseele!« und Lidde fügte hinzu: »Da Du nicht bezahlen willst, wollen wir Dir auf dem Rücken quittiren!« Während es von allen Seiten Hiebe auf den verrathenen und betrogenen Koscieloski regnete, stand Frau Leopard, den Rücken an den grossen Ofen gelehnt, die Hände in den pelzgefütterten Aermeln versteckt, ruhig und behaglich da.

Sie sah mit grausamem Vergnügen zu, wie sich der Unglückliche unter der Hundepeitsche ihres Anbeters, unter dem Ochsenziemer der erbosten Lidde, dem rothen Regenschirm der alten Chave, unter den Stöcken des Fleischers, des Bäckers, des Kaufmanns, des Kürschners und des Kurzwaarenhändlers wand. Ja, von Zeit zu Zeit rief sie: »Schont ihn nicht, besser! besser! keine Gnade!«

Zuletzt flog der arme Rosche die Treppe hinab und zur Hausthüre, bis auf die Strasse hinaus, von ihrem spöttischen Lachen verfolgt.

Koscieloski hatte sofort begriffen, dass die schlaue Jüdin ihn in eine Falle gelockt hatte, aber er hatte sich in demselben Augenblick gesagt, dass er die Rolle des Schneiders zu Ende spielen müsse, wenn er nicht vor der ganzen Stadt lächerlich werden, ja sogar sein Amt verlieren wolle.

Er liess sich geduldig durchbläuen und die Treppe hinabwerfen, blieb einen Tag im Bett und ging dann wieder in das Bureau, als ob nichts geschehen wäre. Alle an diesem grausamen Spass Betheiligten hatten Ursache, darüber zu schweigen, umsomehr, als Koscieloski von seinem Judenhass geheilt schien und fortan den Juden, noch mehr aber den Jüdinnen aus dem Wege ging.

Frau Leopard wollte jedoch die Wollust gesättigter Rache bis zur Neige geniessen. Eines Tages bekam Koscieloski ein parfümirtes Billet. Es war die Einladung zu der Hochzeit der reizenden Wittwe mit David Zadokin.

Der schöne Kaleb.

– BÖHMEN. –

Der Schadchen. – Meschugge. – Der Gaulim.

In einer kleinen Strasse der finsteren Judenstadt, die sich um die berühmte Alt-Nai-Schul zusammendrängt, stand das Haus der Familie Schmelkes, welche unter den Israeliten der alten Königsstadt Prag grosse Achtung genoss und im ganzen Königreich Böhmen bekannt war.

Das Haupt der Familie, welche eine Wechselstube besass, war seit Jahren aus der Welt geschieden und dessen Wittwe, Frau Eugenie Schmelkes, regierte allein das Haus und erzog ihre Söhne so gut sie konnte.

Bei dem älteren, Nathan, der von Haus aus ernst und nüchtern war, genügte die sanfte Hand der Mutter. Er wurde ein tüchtiger Mensch, heirathete und übernahm die Leitung des Geschäftes. Dagegen wurde der jüngere, Kaleb, durch seine Mutter und ein halbes Dutzend Tanten verzärtelt und verzogen, sodass schliesslich, nach jüdischen Begriffen, ein ganz unnützer Mensch aus ihm wurde.

Kaleb hatte keine bösen Eigenschaften, er hatte nur einen Fehler: er war unglaublich eitel auf sein Aeusseres, und auch das war vielleicht nicht sein Fehler. Man hatte ihm unablässig gesagt, dass er schön sei, man hatte ihn erst wie ein Mädchen, dann wie einen Prinzen angezogen, man fand keine noch so schöne und prächtige Rose des Prager Ghettos würdig, seine Hand zu besitzen, und so war er endlich geworden, was er war: der schöne Kaleb, wie ihn spöttisch die gebildeten Juden nannten, ein »Purez«, ein Geck, nach den Begriffen der armen Hebräer im schäbigen Kaftan.

Der schöne Kaleb hatte weder etwas gelernt, noch betrieb er irgend ein Geschäft, er spazierte den ganzen Tag in den Strassen von Prag herum und erwartete die schöne und reiche Braut, die eines Tages vom Himmel, wo die Ehen nach Ansicht der Talmudisten geschlossen werden, vor seine Füsse fallen sollte, wie eine reife Frucht.

Aber die Jahre verstrichen und Kaleb hatte noch immer keine Stellung, kein eigenes Einkommen und keine Frau.

Da erschien eines Tages Treitel, der berühmte Schadchen, bei ihm und bot ihm seinen Beistand an, den Kaleb mit einem spöttischen Lächeln ablehnte. Dies war dem kleinen Treitel noch nie geschehen. Er richtete sich in seiner ganzen Grösse auf den Fussspitzen auf, erhob drohend den Finger und sprach: »Junger Mensch! ohne Schadchen bekommen Sie keine Frau, so wahr ich Treitel heisse, der liebe Gott kennt mich und weiss, was er von mir zu halten hat, sonst hätt' er mir nicht anvertraut das Geschäft hier auf Erden. Aber wenn Sie schon wollen suchen eine Frau ohne Treitel, so geb' ich Ihnen einen Rath: Verstecken Sie doch vor allem Ihre krummen Beine.«

Treitel verschwand und Kaleb blieb versteinert mitten in der Stube stehen. Hatte er wirklich krumme Beine? Noch wollte er es nicht glauben. Zögernd trat er vor den grossen Spiegel und betrachtete sein Ebenbild, dann sank er vernichtet auf einen Stuhl.

Ja, er hatte krumme Beine, er, der Adonis der Prager Judenstadt, er, der sich für schön und unwiderstehlich hielt, dem das beste jüdische Mädchen zu gering war, der seine Hand nach den Komtessen und Prinzessinnen des böhmischen Adels ausstreckte, es war einfach schrecklich.

Wieder trat er an den Spiegel und prüfte sich und dachte nach, und endlich fand er, wie eine eitle Frau, die sich die ersten Runzeln mit Hilfe der Schminke wegzaubert, ein Mittel, den Fehler, der ihn so namenlos unglücklich machte, zu verbergen.

Er begab sich zu seinem Schneider, machte verschiedene Bestellungen und kehrte dann beruhigt zurück. Seine Freunde staunten, als er sich wieder unter ihnen zeigte, denn er trug fortan nur noch ganz lange Röcke, die fast bis zu den Knöcheln reichten und einen langen, faltigen Paletot von schwarzem Tuch, der ihm im Verein mit einem breitkrämpigen Hut, das Ansehen eines Künstlers gab. Zu Hause fanden ihn Mutter, Tanten und Cousinen jetzt noch schöner und poetischer, denn hier hüllte er sich im Sommer in eine Art weissen arabischen Burnus und im Winter in einen langen Schlafpelz im Style des Doktor Faust.

Nun glaubte er wieder an seinen Stern, nun war er wieder überzeugt, dass alle Frauen ihm entgegen schmachteten, dass alle Mädchen von ihm träumten, und dass alle Eltern ihn mit Sehnsucht als Freier erwarteten. In jedem Zufall sah er einen Wink des Schicksals, in dem unbedeutendsten Vorfalle geheimnissvolle Zeichen, die er stets mit der Dame, für die er gerade schwärmte, in Beziehung brachte. Er hatte schon eine ganze Reihe von Romanen erlebt, aber alle nur in seiner Phantasie, er war glücklich ohne Grund, er kämpfte ohne Grund, und er litt und trauerte ohne Grund.

Jeden Sonntag stand er an der Thüre der katholischen Domkirche und liess nach der Messe die aristokratischen Damen Revue passiren. Einmal, ein einziges mal, sah ihn die Tochter des Generals Rothfeld an, vielleicht weil er wirklich einen schönen Kopf hatte. Sofort war er überzeugt, dass sie ihn liebe und verfolgte sie auf Schritt und Tritt. So oft er dem General begegnete, grüsste er ihn respektvoll.

Als eines Tages der General seine Cigarre anzünden wollte und ihn um Feuer bat, schloss er sich ihm an, und begann ein Gespräch über Theater, Litteratur, Politik, das kein Ende nahm.

Der General wurde endlich ungeduldig. Kaleb empfahl sich, erzählte aber den Vorfall seiner Mutter, mit der Bemerkung: »Jetzt ist alles verloren, der General ist beleidigt, weil ich mich nicht erklärt habe.«

Einige Tage später las er in der »Bohemia«, dass die schöne Tochter des Generals mit einem Obersten verlobt sei. »Ich wusste es«, murmelte er, »ich habe sie unglücklich gemacht. Oh! meine Unentschlossenheit.«

In einer Loge des deutschen Theaters sah er die reizende Comtesse Waldstein. Neben ihm sass ein junger Offizier, den die Comtesse durch das Opernglas ansah. Natürlich galt dies ihm, dem schönen Kaleb.

Er war nun überall zu sehen, wo die Comtesse erschien, in jedem Concert, auf jedem öffentlichen Ball, auf dem Eisplatz und in der Kirche. Eines Tages sah er ihren Vater, den Grafen, der von der Jagd heimkehrte und einen grünen Tannenzweig auf dem Hute trug. »Er wollte mir damit andeuten«, sagte er zu einem seiner vertrauten Freunde, »dass ich hoffen dürfe.«

Doch die »Bohemia« schnitt wieder mit einer grausamen Notiz den Faden seiner Einbildungen ab. Die Comtesse Waldstein verlobte sich gleichfalls. In einem Kaffeehause erzählten die Freunde des schönen Kaleb, dass die Comtesse nur gezwungen ihre Einwilligung gegeben habe und dass sie ihr Herz einem armen Baron geschenkt habe, den ihre Eltern nicht zum Eidam haben wollten.

Da richtete sich der schöne Kaleb stolz auf und sprach mit leuchtenden Augen: »Der arme Baron bin ich.«

Jedes Inserat, das Liebende, das galante Frauen mit ihren Anbetern wechselten, wie es in Oesterreich Mode ist, bezog Kaleb auf sich. Er antwortete jedesmal, rief unglaubliche Verwirrungen hervor und gab diese Art von Sport erst auf, als eines Tages eine verschleierte Dame zu ihm kam und ihn mit der Reitpeitsche bedrohte und ein Husarenoffizier ihn im Kaffeehause bei den Ohren nehmen wollte.

Die Dame war die Baronin Divin, welche er durch seine Inserate fast mit ihrem Anbeter, dem Rittmeister Legedy, entzweit hatte.

Da er selbst nichts verdiente, nahm er bald seine Mutter, bald eine seiner Tanten, bald seinen Bruder Nathan in Anspruch. Wenn der Letztere ihm Vorstellungen machte, gab er verächtlich zur Antwort: »Ich werde alles zurückzahlen, sobald ich eine reiche Heirath mache.«

Diese reiche Heirath war seine fixe Idee, und es war natürlich, dass die Leute des Ghetto endlich die Köpfe schüttelten und sich zuflüsterten: »Er ist meschugge.«

———————————

Mehr und mehr wurde der schöne Kaleb von seinen Gläubigern bedrängt und gequält, denn er lebte wirklich wie ein Baron, und endlich konnte die Mutter nichts mehr geben und der Bruder wollte nichts mehr geben.

Da erschien wieder Treitel, der Schadchen auf dem Schauplatz.

Das kam so. In der Prager Judenstadt lebte damals ein alter Mann, Pesach Wolf, der eine Buchhandlung besass. Er war reich und in Folge seiner Orthodoxie geachtet und gefürchtet. Wolf hatte seine Frau und seine Kinder begraben und hatte nur noch eine Enkelin, Jenta, die sein Stolz und seine Freude war. Diese wollte er um jeden Preis verheirathen, aber es fand sich kein Mann, trotz der reichen Mitgift.

Endlich gab Wolf jede Hoffnung auf, und da er den Kopf voll Mystizismus und Aberglauben hatte, so umschlich er eines Abends die Alt-Nai-Schule, in der Absicht, einen gelehrten polnischen Talmudisten zu finden, der ihm helfen sollte, denn nur zu einem Kabbalisten des Ostens hatte er Zutrauen.

Hier traf ihn Treitel und liess ihn nicht mehr los. Endlich begann Pesach Wolf: »Sagen Sie mir, Treitel, auf dem Boden der Alt-Nai-Schule soll der Gaulim des berühmten Rabbi Löb aufbewahrt sein.«

»Ja, so sagt man.«

»Könnte man diesen Gaulim nicht bekommen?«

»Zu welchem Zweck? Aber Sie wissen doch, dass sich Niemand auf den Boden wagt. Wahrscheinlich haben in früheren Zeiten die Rabbiner allerhand unheimliche Geschichten über die Alt-Nai-Schule verbreitet, um die Christen abzuschrecken und sind dort heute noch Schätze und Geheimnisse aller Art verborgen.«

»Kennen Sie Jemand, Treitel«, fuhr Pesach Wolf leise fort, »der ein Kabbalist ist, wie Rabbi Löb einer war, der einen Gaulim bilden kann und ihn zu beleben versteht durch Einhauchen heiliger Namen?«

»Das sind doch Märchen!« rief Treitel lachend. »Rabbi Löb mag einen Automaten gehabt haben, der Anlass zu der Sage gab. Aber wozu wollen Sie denn solch einen Gaulim haben?«

»Für meine arme Jenta«, sagte der Greis seufzend, »da sie schon keinen Mann haben soll, möchte ich ihr einen schönen Gaulim zum Spielzeug geben.«

Treitel legte den Finger an die Nase. »Einen schönen Gaulim? Sollen Sie haben.«

Und so klopfte der Schadchen wieder an die Thüre des schönen Kaleb.

Diesmal war die Aufnahme ungleich besser, und als Treitel von einer reichen Erbin sprach, wurde Kaleb sogar liebenswürdig.

»Aber die Sache ist nicht so leicht«, sagte der Schadchen, »trotz Ihrer Schönheit, Sie müssen klug sein und dem Treitel folgen, blind folgen.«

Kaleb versprach es und begann damit, dass er ein Zimmer bezog, das Treitel in dem Hause gegenüber von Pesach Wolf gemiethet hatte. »Zeigen Sie sich am Fenster«, sagte der Schadchen, »wenn Sie sehen das Mädchen gegenüber, meinetwegen als Türke, aber zeigen Sie nur nicht voreilig Ihre Beine.«

Der schöne Kaleb blickte also mit einem Opernglas den ganzen Tag hinüber, und wenn Jenta sich an das Fenster setzte, öffnete er das seine und lehnte sich hinaus.

»Ein schöner Mann!« sagte Jenta, als sie ihn das erste Mal in seinem prächtigen Schlafpelz mit dem Fez auf dem Kopfe erblickte.

Treitel hatte im Hause Pesach Wolf's dieselben Vorsichtsmassregeln ergriffen. Er brachte eine Büchse mit Schminke und lehrte Jenta ihr kleines grüngelbes Gesichtchen mit Hilfe derselben in einen niedlichen Puppenkopf zu verwandeln, er lehrte sie mit einem über dem Licht geschwärzten Kork die Augenbrauen zu malen, und bestimmte den alten Wolf, ihr einen Schlafrock von rothem Atlas zu kaufen, in dem sie aus der Entfernung einen ganz guten Effekt machte. Kaleb fand sie hübsch und erklärte sich bereit, um ihre Hand anzuhalten, während Jenta ihn bereits mit offenen Armen erwartete.

Nun begann Treitel den schönen Kaleb auf die wirkliche Jenta vorzubereiten.

»Gewiss ist sie hübsch«, sagte er, »sie schielt zwar ein Bischen, aber das gibt ihr gerade einen besonderen Reiz. Auch ist sie sehr gross und sehr schlank, doch das macht sie um so majestätischer und endlich …«

»Was denn noch?« fragte Kaleb ängstlich.

»Na, erschrecken Sie nur nicht gleich«, rief der Schadchen, »ein Mädchen, das einem 200,000 Gulden zubringt, darf man nicht so genau ansehen, endlich – ja – sie hat auch ein paar falsche Zähne, aber Zähne wie Perlen, sag' ich Ihnen.«

»Und wirklich 200,000 Gulden?«

»Ja, das ist sicher.«

So ging denn der schöne Kaleb mit Treitel hin und hielt feierlich bei dem alten Pesach Wolf um Jenta's Hand an. Nachdem alles abgemacht war, erschien die reiche Erbin. Kaleb erschrak ein wenig, als er entdeckte, dass sie um einen halben Kopf grösser war als er und mager, wie ein Windhund. Aber er konnte nicht mehr zurück. Er tröstete sich mit ihrer Bildung, ihrem Gelde und fand schliesslich, dass das Schielen sie pikant mache.

So war denn Beiden geholfen. Der schöne Kaleb hatte endlich die reiche Frau gefunden, die er seit fünfzehn Jahren erwartet hatte und Jenta bekam ihr Spielzeug, ihren Gaulim.

Ihr war es Ernst, sie bewunderte ihren Mann, sie betete ihn an, sie putzte ihn, wie man ein Kind aufputzt und bediente ihn, wie eine Sklavin ihren Herrn bedient, und so fand sich der schöne Kaleb mehr und mehr in sein Loos und fühlte sich endlich vollkommen glücklich.

Nur eines beunruhigte ihn, dass seine Frau grösser war als er.

Aber auch dafür fand er eines Tages ein Remedium, wie einst für seine krummen Beine.

Jenta durfte nur ganz kleine Hüte und Schuhe ohne Absätze tragen, während er auf einer Art Kothurn einherschritt und stets hohe Hüte trug. Zu

Hause aber sass er immer, wie ein kleiner Junge, auf einem Polster und trennte sich niemals von seinem Fez, der ihn allein schon um ein paar Zoll grösser machte.

Der Gaulim des Rabbi Löb ruht aber nach wie vor auf dem Boden der geheimnisvollen Alt-Nai-Schule und um das Grab des grossen Kabbalisten, der einen Tycho de Brahe und einen Kaiser Rudolf zu seinen Freunden zählen durfte, rauschen die düsteren Weiden des alten Prager Judenkirchhofs und weben noch heute wunderbare Sagen, die immer wieder vom Grossvater auf den Enkel kommen, ein theures Vermächtniss aus längstvergangenen, finsteren, grausamen Zeiten.

Gelobt sei Gott, der uns den Tod gegeben!

– SPANIEN. –

Das Haus des Lebens. – Tod und Begräbniss.

Das Haus des Lebens, wie die Juden den Friedhof nennen, lag in einem kleinen Thal, das von zwei Hügeln eingeschlossen war. Uralte Bäume füllten den ganzen Raum und breiteten ihre Aeste wie ein grünes Dach über die aufrecht stehenden Leichensteine, über verwitterte Mausoleen und von hohem Gras und wilden Blumen überwucherten Grüfte. Seit der Zerstörung des Tempels begruben die Kinder Israels hier ihre Todten. Das Reich der Römer war gefallen, wie das der Gothen, von der maurischen Herrlichkeit waren nur noch stolze, schwermüthige Ruinen da, die spanische Weltmonarchie, in der die Sonne nicht mehr unterging, hatte dasselbe Schicksal ereilt, aber sie, die Vertriebenen, Heimathlosen, hatten alles überdauert, sogar die Inquisition und die Scheiterhaufen.

Während oben, auf dem Plateau, in der kleinen, spanischen Stadt und unten im Hafen der Lärm und die Unruhe der Arbeit, des Handels herrschten, war hier die Stille und der Frieden.

Alles lag im Schatten und kein Laut drang von aussen herein. Nur selten glitt ein warmer Sonnenstrahl durch das düstere Blattwerk und beschien kurze Zeit eine hebräische, halb erloschene Inschrift, nur selten sang ein Vogel hier. Nur die Bienen summten unablässig in dieser von Blumen in allen Farben und von einem schweren Duft erfüllten Wildniss.

In einem Winkel des Friedhofs, von zwei Zypressen beschattet, lag ein kleines Grab und auf diesem Grabe sass ein Greis. Er sass immer hier, zu jeder Jahreszeit, Tag und Nacht. Mit seinem langen weissen Sterbgewand, seinem weissen Haar, seinem Bart, der wie Schnee über seine Brust niederwallte, glich er selbst einem Denkmal von Stein. Er sass unbeweglich, in Gedanken, in Erinnerungen oder in sein Gebet versunken und schien niemand zu sehen, wer auch vorüber kam.

Ihn aber kannte ein Jeder, den Vater Menachem, der hundert Jahre alt geworden war und noch immer rüstig, mit frischem Geist unter einem neuen Geschlecht wandelte, ein Patriarch voll Güte und Würde.

Während der Greis sann und träumte, hatte sich ein Falter unmittelbar vor ihm auf eine Rose gesetzt, und jetzt kam ein grosser, schöner Knabe gelaufen um ihn zu fangen.

Menachem erhob das Haupt, sah dem Kinde in das edelgeschnittene Antlitz, das von blondem Haar umrahmt war, und aus dem ihn zwei grosse blaue Augen anlächelten und murmelte: »Ghiron!«

»Nein, Vater Menachem«, sagte der Knabe, »ich heisse Schamai und bin der Sohn der Kive Castallio.«

»Du hast aber die Gestalt, die Züge und den Blick meines Sohnes, den ich verlor, als er zehn Jahre zählte. Es ist lange her. Ein halbes Jahrhundert. Mein Gott, wie rasch die Zeit vergeht und wie langsam.«

»Dies ist sein Grab?« fragte Schamai.

Der Greis nickte, strich ihm die Haare aus der Stirn und lächelte. »Was thust Du hier, mein Kind?« sprach er dann, »dies ist kein Ort für Dich. Du kannst es noch nicht fassen, warum dieser friedliche Platz das Haus des Lebens genannt wird. Bleib draussen, Schamai, wo die Sonne scheint, wo die Meereswogen singen, wo der Pflug die Erde durchzieht, wo die weissen Segel irdische Schätze herbeiführen, lebe, lebe mein Kind, dann, eines Tages, wirst Du hierher kommen, und Du wirst verstehen. Du wirst hier den Frieden finden und das Glück, das Du vergebens gesucht im Strome der Zeiten.«

»Vater Menachem«, sagte der Knabe, indem er sich neben dem Greise niederliess und sich sanft an ihn schmiegte, »man sagt, dass Du alle Haggadoths kennst, erzähle mir ein Märchen.«

»Ein Märchen?« Menachem nickte mit dem Kopfe. »Ja, ein Märchen oder ein Traum, was wäre es sonst?« Er strich mit der Hand über die Stirne und begann:

»Es war einmal ein Mann, nicht besser, nicht gerechter, nicht klüger, als die anderen. Er verehrte Gott und liebte die Menschen. Er suchte die Wahrheit, und fand den Irrthum, er wollte recht handeln und beging Fehler, er unterrichtete sich, er dürstete nach Weisheit und sah endlich, dass ein Mensch ist wie der andere und dass ein Menschenschicksal dem anderen gleicht. Er nährte Hoffnungen, Wünsche, Träume, die niemals in Erfüllung gingen, er strebte nach Dingen, die er niemals erreichte. Er begnügte sich zuletzt damit, für sich und die Seinen zu sorgen und lebte dahin, wie alle anderen. Er nahm ein Weib, schön, wie eine junge Rose, er liebte sie. Sie schenkte ihm ihr ganzes Herz, und sie schenkte ihm auch Kinder, die er liebte. Er war nicht reich und nicht arm, er konnte den Seinen geben, was sie brauchten und war zufrieden.

Aber die Jahre zogen dahin und mit ihnen die Menschen, sie fielen wie die Blätter im Herbste und kehrten nicht wieder, andere traten an ihre Stelle und wieder andere, und endlich war der Mann allein.

Er hatte alle begraben, Eltern und Geschwister, Weib und Kinder, Verwandte und Freunde, alle, alle, aber an ihm ging der Todesengel vorüber Jahr für Jahr, und er blieb Jahre und Jahre allein, einsam, verlassen, in einer

Welt, die ihm fremd geworden war, unter Menschen, die er nicht verstand und die ihn nicht verstanden.

Er hatte gelebt, Glück und Unglück, Freud und Schmerz waren an ihm vorüber gegangen, die Welt bot ihm nichts Neues mehr, keine Ueberraschung, keine Freude, nicht einmal einen neuen Schmerz, eine neue Sorge.

Und so begann der Mann, sich nach dem Tode zu sehnen, den alle fürchten, und wenn er zu seinem Gotte betete, rief er aus der Tiefe seiner Seele: Herr, nimm mich hinweg aus diesem Thal der Schatten und lass mich endlich sehen Dein ewiges Licht.«

Der Knabe schwieg einige Zeit, dann sprach er: »Der Mann bist Du, Vater Menachem.«

»Ja, der Mann bin ich.«

»Und Du willst sterben?«

»Ja, mein Kind, für mich ist der Tod, was für Dich das Leben ist.« Der Greis erhob sich und nahm den Knaben bei der Hand. »Komm. Dir stehen noch die goldenen Pforten des irdischen Paradieses offen, Dir lacht die Jugend entgegen, das Glück, die Schönheit, Ehre und Ruhm, komm.«

Sie schritten zusammen durch die Reihen der Gräber zur Pforte hinaus und dann den Abhang hinauf. Oben, vor dem Thore der Stadt, wies der Greis auf die maurischen Kuppeln, die im Abendlicht glänzten, und auf das blaue, sonnige Meer. Dann geleitete er das Kind bis zu dem kleinen Hause, vor dem seine Mutter, die schöne Kive, stand, ihr jüngstes Kind an der Brust, und nahm mit einem gütigen Lächeln Abschied.

Drei Tage später lief der Knabe eilig durch die jüdische Gasse, er kam vom Friedhof. Vater Menachem hatte ihn gesendet, zehn Männer der Chebura Kdischa zu suchen, er fühlte die Stunde nahen, die er so lange mit geduldiger Sehnsucht erwartet hatte.

Langsam erklomm der Greis den Abhang, warf noch einen letzten Blick auf Meer und Land und trat dann durch das düstere Thor in die Stadt. Als er auf der Schwelle seines Hauses Athem holte, kam schon Schamai mit den zehn Männern.

»Was wollt Ihr, Vater Menachem?« fragte der Aelteste unter ihnen erstaunt.

»Sterben«, erwiderte der Greis. Langsam trat er in das Haus, in die grosse Stube des Erdgeschosses, mit der Hand an der Wand tastend und sank, wie er war, im weissen Sterbgewande, auf sein einfaches Lager.

»Wollt Ihr einen Arzt?«

»Ich will sterben«, erwiderte Menachem. In die Kissen zurückgelegt, den Blick erhoben, die Hände auf der Brust gefaltet, begann er schwerer und schwerer zu athmen.

Die zehn Männer bildeten einen Halbkreis um ihn, und der Sterbende betete das Schema, das Sterbegebet, und sprach die dreizehn Glaubensartikel.

Als er zu Ende war, begannen die zehn Männer einen Psalm zu beten.

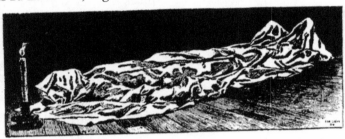

Plötzlich richtete sich der Greis auf. Sein Antlitz war verklärt. Er hatte die Hände erhoben und murmelte: »Gelobt sei Gott, der uns den Tod gegeben!« Dann sank er in die Kissen zurück und lag da, ein Lächeln um die Lippen.

Nachdem eine Viertelstunde verstrichen war, hoben die Männer den Todten auf und legten ihn mitten in die Stube auf den Boden. Die Arme lagen straff zu beiden Seiten, und die geballten Fäuste bildeten ein hebräisches Sch – Schadai.

Nachdem ein Leintuch über die Leiche gebreitet war und das Lämpchen zu Häupten derselben angezündet, wurde das Fenster geöffnet. Die Seele zog in ihre Heimath.

Im Hause war es stille und stille draussen unter dem Abendhimmel, an dem sich die ersten Sterne zeigten.

An dem Tage, wo man Menachem begrub, waren alle Läden geschlossen, Niemand blieb zu Hause, alle gaben ihm das Geleite, alle.

Schon lag er im Leichenhemd, im Talar mit den Schaufäden, die weisse Kappe auf dem Kopf, auf dem Brett.

Einer nach dem andern trat heran, berührte die grosse Zehe des Todten und bat ihn leise um Vergebung.

Dann stimmten die Männer das herzzerreissende »Joschef besseser«, das Geleitgebet an.

Die schluchzenden Frauen hielt man ferne, um die Ruhe des Todten nicht zu stören und langsam trug man die Leiche auf dem Brett hinaus, mit den Füssen voran.

Auf dem Friedhof angelangt, bildeten alle, die dem Todten gefolgt waren, einen Kreis um das Grab, das man ihm neben dem seines Sohnes gegraben hatte.

Die Wenigen, welche entfernt mit ihm verwandt waren, traten vor und sprachen: »Gott hat es gegeben, Gott hat es genommen, der Name Gottes sei gelobt!«

Dann zerrissen sie ihr Gewand an der linken Seite.

Nun trat der Rabbiner an den Todten heran und sprach: »Wir gedenken, Gott, vor Dir, des geschiedenen Menachem Ben Joseph und beten für das Heil seiner Seele. Nimm ihn auf, lass' seine Seele einziehen zur ewigen Ruhe, zur ewigen Freude, zur ewigen Seligkeit, lass' ihn theilhaftig werden der Segnungen, die Du den Frommen und Gerechten verheissen hast, als Lohn für alles irdische Leid, für all' ihre Sorgen, ihr Ringen und Mühen dahier. Der Allerbarmende vergibt. Ja, Menachem, Du bist schon im Lichte und wir sind noch in der Finsterniss. Du bist in der Wahrheit und wir sind noch im Irrthum, Du bist im Frieden und wir im Kampfe und in der Zerstörung.

Gib uns, o Gott, dass auch wir den Kampf zu Ende kämpfen und in Frieden eingehen in Dein Reich.

Gesegnet sei das Angedenken des Gerechten. Amen.«

Langsam wurde der Todte in das Grab gesenkt, sitzend das Antlitz gegen Sonnenaufgang.

Dann fielen die Schollen hinab in die Tiefe, und die Menge verliess ernst und schweigend den Friedhof. Ein Jeder riss, ehe er heraustrat, eine Handvoll Gras aus, warf es hinter sich ohne umzublicken und sprach: »Gedenke, dass Du Staub bist!«

Zuletzt war Niemand da, als der Todtengräber und der Knabe. Als der Hügel aufgeworfen war, legte das Kind einen grossen Strauss aus Blumen, die er auf dem Friedhof gepflückt, auf denselben. »Schlafe sanft, Vater Menachem!« sprach er. Dann ging er hinaus in das Licht, wo die Aehren wogten, und die Meereswellen rauschten.

Schalem Alechem.

Der Dalles. – Kindesliebe. – Passahfest. – Der Prophet Elias.

Nicht alle Menschen tragen Schuld an ihrem Schicksal. Es gibt brave, fleissige Leute, die alles aufbieten, um dem Unglück, das sie verfolgt, die Spitze zu bieten und dennoch scheitern.

Bei solchen Leuten hat sich der »Dalles« eingerichtet. Ein böser Geist, das Elend in Person. Je grösser das Ungemach, das die Armen zu erdulden haben, je grösser die Noth, um so wohler befindet sich der Dalles. Er mästet sich, während alle um ihn abmagern.

Ein solcher Dalles schien auch bei Mutter Jette Goldenblum eingekehrt. Sie war als eine treffliche Frau bekannt in dem elsässischen Städtchen, und vordem war ihr kleiner Kramladen eine ausgiebige Einnahmsquelle für sie gewesen, aber sie hatte Unglück seit einiger Zeit, und ihr kleines Haus war jetzt vollständig verschuldet. Ihr Vater, Beer Taubes, war zu gut gewesen, er hatte allen seinen Verwandten, seinen Freunden geholfen, hatte sein kleines Vermögen auf diese Weise verzettelt und jetzt dachte Niemand daran, ihm zu helfen und er war froh, einen alten Lehnstuhl bei seiner Tochter zu haben und ein Gedeck an ihrem Tische.

Jette's Sohn, der begabte, arbeitsame Fritz, wurde in gleicher Weise vom Dalles verfolgt. Trat er in ein Geschäft ein, so machte sein Herr bald bankerott oder die Tochter verliebte sich in ihn und er musste fort, weil er seiner Braut, der hübschen, verständigen Sarah Meier, nicht die Treue brechen wollte.

Wieder war er einmal zu Hause bei seiner Mutter, ohne Arbeit, ohne Verdienst, und alle zusammen liessen einige Zeit geduldig Armuth, Kummer, Entbehrung über sich ergehen.

Endlich hatte Fritz einen Entschluss gefasst. German Kugel, der ihn kannte und ihm Vertrauen schenkte, hatte ihm das Reisegeld nach Amerika vorgestreckt, Fritz wollte über den Ocean segeln und drüben sein Glück versuchen.

Alle hörten ihn traurig und seufzend an, aber sie gaben ihm recht, und Mutter Jette traf sofort alle Vorbereitungen.

Fritz sass diesen Abend mit Sarah auf der Bank beim Ofen. Sie sprachen wenig, sie hatten sich bei der Hand und verstanden sich.

»Ich werde auf Dich warten«, sagte endlich die arme Sarah, »und kommst Du nicht zurück, so nehme ich doch keinen Anderen.«

Am nächsten Morgen nahm Fritz Abschied. Der Grossvater segnete ihn, Mutter und Braut gaben ihm das Geleite bis zur nächsten Eisenbahnstation.

Es währte nicht einen Monat, so kam der erste Brief mit Geld. Fritz hatte in Milwaukee Arbeit gefunden, wurde gut bezahlt, und versprach, jede Woche sein Erspartes zu senden. Und er hielt Wort. Dieser Sohn, der seine Familie, seine Braut verlassen hatte, um jenseits des Meeres für seine Mutter zu arbeiten, er verstand das Gebot Gottes: Ehre Vater und Mutter, damit es Dir wohl gehe auf Erden.

Und es erging ihm wirklich gut. Fünf Jahre war er schon fort, fünf Jahre erwartete ihn schon Sarah in Geduld, ohne Klage, schon fünf Jahre arbeitete er für die Seinen und jede Woche kam der Brief mit demselben Gelde.

Die Leute im Städtchen wussten es und grüssten Mutter Jette noch achtungsvoller als sonst, aber eigentlich nahmen sie den Hut vor dem Sohne ab, eigentlich galt der Gruss dem braven Fritz in Amerika.

––––––––––

Es war Passahfest. Ein dicker Brief war aus Milwaukee gekommen mit vielem, vielem Gelde, und alle waren guter Dinge. Sarah hatte Mutter Jette geholfen das Geschirr zu reinigen, das vorerst über dem Feuer ausgebrannt worden war, und das Haus zu säubern vom Dache bis in den Keller hinab.

Denn das Passahfest feiert die Erinnerung an den Auszug aus Egypten und es heisst in Bezug darauf im Exodus: Ihr werdet sieben Tage ungesäuertes Brod essen und in den ersten Tagen alles Gesäuerte aus Euren Häusern entfernen. Den ersten Monat, den vierzehnten Tag vom Abend, werdet Ihr ungesäuertes Brod essen bis zum einundzwanzigsten Tage den Abend. Während sieben Tage werdet Ihr nichts Gesäuertes im Hause haben.

Vordem hatte man das ganze Geschirr erneuert und alles verkauft, was als gesäuert angesehen werden konnte, jetzt wird dieser Verkauf nur zum Schein ausgeführt. Alles wird einem befreundeten Christen übergeben, der es bezahlt und nach Ostern das Geld zurück erhält und den ganzen Kram zurück erstattet.

Auch Mutter Jette hatte diese Comödie aufgeführt, und jetzt war alles in Ordnung, alles glänzte, in dem frischgescheuerten Speisesaal war die Diele mit rothem und gelbem Sand bestreut, blüthenweisse Vorhänge prangten an den Fenstern, am Ende der Tafel stand der »Lahne« (Lehnstuhl) für das Familienhaupt, und der ganze Raum war von dem Duft der Märzveilchen erfüllt, welche Sarah im Wäldchen gepflückt hatte.

Die beiden Frauen hatten nun auch das Matze, das ungesäuerte Brod bereitet und gebacken, und jetzt war Mutter Jette's erster Gedanke, die Geschenke zu versenden und das Almosen zu spenden, die jeder Jude zu dieser Zeit gibt.

Mit einem grossen Korbe, der mit Weinflaschen und ungesäuerten Broden gefüllt war, ging Sarah durch den Ort und brachte die Gaben zu dem Rabbiner, dem Kantor, dem Schames, dem Lehrer, zu dem armen Talmudisten und zu einigen dürftigen Juden und Christen, denn der wahrhaft fromme Jude kennt für seine Wohlthätigkeit keinerlei Schranken.

Schon nahte der erste Abend des Festes. Grossvater Taubes sass vor dem Hause und erwartete den Stern, der den Anbruch des 14. Nissan und den Beginn der Passahwoche verkündigt.

Der Schulklopfer ging durch die Strassen und klopfte an jede jüdische Thüre dreimal, das Zeichen, dass es Zeit sei zum Gebet.

Da entstand eine fröhliche Bewegung, man hörte Rufe und laute Grüsse in der Ferne, und jetzt kam ein Mann, den Tornister auf dem Rücken, den Stock in der Hand, heran, umringt von der jubelnden Jugend. Er blieb auf der Strasse stehen, und zugleich steckten Mutter Jette und Sarah die Köpfe zum Fenster heraus.

»Schalem Alechem!« (Der Friede sei mit Euch!) sprach der Mann, den sie alle für einen Fremden hielten.

»Alechem Schalem!« (Der Friede sei auch mit Dir!) antworteten die anderen, zugleich riefen aber auch schon die Kinder: »Frau Goldenblum, kennen Sie denn Ihren Fritz nicht?«

Ja, es war Fritz, in grossen Juchtenstiefeln und mit einem langen Bart, und jetzt hatte die Freude keine Grenzen. Nachdem ihn alle sattsam angesehen und umarmt, gingen sie zur Synagoge, und als der Gottesdienst beendet war, auf dem Wege nach Hause, begann Fritz von seinem Schicksal zu erzählen.

Der Dalles war wirklich daheim geblieben, Fritz hatte Glück gehabt in Amerika, hatte viel verdient, viel erspart, ein Geschäft begründet und wieder vortheilhaft verkauft und kam zurück mit mehr als dreissigtausend Franken in seinem Tornister.

Sein erster Gang war zu German Kugel gewesen. Ihm das vorgeschossene Reisegeld zurückzuerstatten, schien ihm die vornehmste Pflicht, dann erst war er zu seiner Mutter, seiner Braut geeilt.

Die Sterne waren indess am Himmel heraufgezogen und ganz Israel ging an die Feier des ersten Passahabends, des Seder.

Grossvater Taubes nahm im grossen Lehnstuhl am Tische Platz, über dem die siebenarmige Lampe brannte, neben ihm Mutter Jette und Sarah, ihm gegenüber Fritz. Vor jedem lag auf dem weissen Tischtuch die Haggada, das hebräische Buch der Gebete und Gesänge für diesen Abend.

Beide Männer hatten das Haupt bedeckt. In der Mitte der Tafel lagen drei grosse Brode, jedes von dem anderen durch ein weisses Tuch getrennt. Um sie herum befanden sich verschiedene Symbole. Eine Marmelade, welche den Thon und Kalk darstellte, mit dem die Israeliten in Egypten gearbeitet hatten, Essig, hartes Ei, Meerrettig zum Andenken an das Elend der Sklaverei, ein mit etwas Fleisch bedeckter Knochen stellte das Osterlamm und der rothe

Wein das Blut der hebräischen Kinder dar, in dem sich die Pharaonen badeten.

Der Grossvater sprach das Gebet, den Segen, der die Feier eröffnet, dann stand Fritz auf, nahm einen kleinen Krug und goss Wasser über die Hände Beer's und dann standen alle auf und berührten die Schüssel, auf der die drei Brode lagen.

»Dies ist das Brod des Elends«, sprachen alle zugleich, »das unsere Väter in Egypten gegessen haben. Jeder, der Hunger hat, der komme mit uns, zu essen, Jeder, der dürstet, er komme, Ostern mit uns zu feiern.«

In diesem Augenblick klopfte es an die Thüre, und ein Bettler, ein Schnorrer aus Polen, trat herein und nahm, nachdem man sich gegenseitig begrüsst hatte, an dem Tische Platz.

Nun begann Fritz, die Haggada vor sich, in hebräischer Sprache: »Zu welchem Zwecke diese Feier?«

»Wir waren Sklaven in Egypten«, erwiderte der Greis, »und der Ewige, unser Gott, hat uns befreit mit seiner mächtigen Hand.«

Nachdem man noch die Leiden in der Sklaverei und des Auszugs aus Egypten vorgelesen hatte, kostete jeder von den symbolischen Speisen, der Greis füllte indess einen grossen Becher, der vor ihm stand und der für den Propheten Elias, den heiligen Beschützer des jüdischen Volkes bestimmt war.

Das Mahl begann. Fritz erzählte von dem fernen Amerika und der polnische Schnorrer gab einige Anekdoten zum Besten. Dann theilte Beer das Brod als Symbol des Durchgangs durch das rothe Meer, gab jedem ein Stück davon und schloss das Mahl mit dem Tischgebet.

»Fritz«, sagte er endlich, »öffne die Thüre.«

Fritz stand auf, öffnete weit die Thüre und trat bei Seite. Während Alle ein feierliches Schweigen beobachteten, trat unsichtbar der Prophet Elias herein. Nachdem Fritz wieder die Thüre geschlossen und der Heilige den für ihn bestimmten Becher mit den Lippen berührt hatte, stimmten Alle zusammen den 115. Psalm an. Andere Gesänge folgten.

Es war spät, als man zur Ruhe ging und zwar ohne das Nachtgebet zu sprechen. Denn in dieser Nacht wacht Gott selbst über jedem jüdischen Hause, wie einst in Egypten.

Am folgenden Tage nach dem Essen, während noch alle bei Tisch sassen, kam fast die ganze Gemeinde zum Besuch in das Haus der Frau Goldenblum. Da war der Rabbiner, der gerne etwas Neues aus Amerika hören wollte, der Lehrer, der Schames, der Kantor, die Nachbarn und Nachbarinnen, alle, und ein Lärm war in dem kleinen Speisesaale, dass man kaum sein eigen Wort verstehen konnte.

Nur wenn Fritz auf verschiedene Fragen antwortend zu erzählen begann, trat sofort tiefe Stille ein, und der gemüthliche Kreis lauschte mit naiver Neugier, bis es Zeit war, zur Minha, zum Nachmittagsgebet.

Am ersten Tage der Halhammad (Halbfesttage) ging Fritz mit Sarah hinaus in die Felder. Allerorten sah man die grünenden Wintersaaten zwischen den frisch gepflügten, schwarzen Aeckern, an jedem Rain sprossen Blumen, die Bäume knospeten und über diesem kleinen Paradiese lachte der blaue Himmel und leuchtete die Sonne warm und fröhlich.

Die jungen Leute hielten sich an der Hand und sprachen kein Wort, sie konnten nicht, ihre Herzen waren so voll von Glück und von Dankbarkeit gegen den Schöpfer des Himmels und der Erde.

Aber endlich fand Fritz doch Worte. »Sarah, wir werden uns jetzt niederlassen und Hochzeit feiern, sag' mir, mein Leben, mein Kleinod, willst Du lieber Land haben und Vieh und Geflügel oder ein Geschäft?«

»Wie Du willst, Fritz«, erwiderte sie lächelnd, »was Dir recht ist, ist mir auch recht, denn Dein Schmerz ist mein Schmerz und Deine Freude meine Freude.«

»Dann will ich den Hof des François Schnegans kaufen«, sagte Fritz, »ich kann ihn haben. Es ist der Mutter wegen, es wird ihr das Leben verlängern.«

»Du guter Fritz!« rief Sarah, »ja, thu' es, es wird uns Segen bringen. Ehre Vater und Mutter, damit es Dir wohl ergehe auf Erden.«

Machscheve.

Omer. – Jüdischer Aberglaube. – Lillith.

Schalom Raphaeli war einer der reichsten Handelsherren in England. Vordem, in jungen Jahren, hatte er mit Zündhölzchen gehandelt, jetzt besass er ein Waarenhaus in Bath und ein Palais im italienischen Stil. Seine Schiffe segelten nach Amerika, nach Indien und Japan. Sein ältester Sohn, Moses stand an der Spitze des Geschäftes. Schalom selbst war bequem geworden, er bewohnte mit seiner Familie ein kleines Schloss in der Nähe. Hier trieb jedes Glied der Familie irgend eine Liebhaberei, Schalom zog Blumen und Fruchtbäume, seine Frau Edith war für schöne Pferde und die Hetzjagd passionirt, seine Tochter Noëmi zog Tauben, und sein jüngster Sohn, Juda, trieb philologische Studien.

Dieser Juda, den sein Vater geradezu abgöttisch liebte, bereitete ihm auch die meisten Sorgen. Zuerst, weil er keine Lust zum Handel hatte, und sich in hebräischen, griechischen und lateinischen Folianten vergrub, dann, weil er jede Braut, die seine Eltern für ihn erwählt hatten, zurückwies und sich nicht verheirathen wollte.

Schalom Raphaeli war endlich überzeugt, dass sein Sohn behext sei.

Unternehmend als Kaufmann, kühn als Schiffsherr, war Schalom für seine Person unglaublich furchtsam und abergläubisch. Wenn er im Sommer einen Besuch bei Nachbarn machte und entdeckte, dass sich kein Blitzableiter auf dem Dache befand, liess er die Pferde niemals ausspannen und beeilte sich, wieder den Rückweg anzutreten. Schlief er einmal in einem fremden Hause, so untersuchte er sofort, ob wohl Gitter an den Fenstern seien. Begegnete er einem Hunde, der die Zunge heraushängen liess, war er im Stande, sich über den nächsten Zaun zu schwingen und die Flucht zu ergreifen. Eine besondere Angst hatte er vor dem Petroleum. In seinem Hause durfte keines gebrannt werden. Er schnitt aus den Journalen alle Notizen aus, wo von Unglücksfällen durch Petroleum die Rede war und legte sie seinen Bekannten vor, sobald diese den Heroismus besassen, Petroleum zu brennen.

Wenn die Passahwoche vorüber war, begann eine Zeit immerwährender Aufregung für Schalom. Der Zwischenraum zwischen Passah und Schebuoth (Ostern und Pfingsten) nach dem Maass Gerste, das man vordem in Jerusalem zu opfern pflegte, Omer genannt, galt ihm, der noch ganz in den alten Traditionen des Ghetto befangen war, als eine Zeit der Gefahr und des Unglücks.

Während des Omer haben die bösen Geister und Dämonen, die Schaïdim und Masikim, welche Luft und Erde erfüllen, einen besonderen Einfluss und auch die Machscheves, die Hexen, treiben ihr Unwesen. In dieser Zeit ist die grösste Vorsicht geboten und Schalom Raphaeli war nicht der Mann, es an Vorsicht fehlen zu lassen.

Gleich am ersten Abend des Omer schlug er selbst an dem Thürpfosten den schönen Psalm: »Erhebe ich meine Augen zu den Bergen, woher kommt mir Hülfe? Meine Hülfe kommt von Adonai, der gemacht Himmel und Erde.«

In dieser gefährlichen Zeit achtete Schalom ängstlich darauf, dass Niemand die abgeschnittenen Nägel oder Haare wegwarf, sie mussten vor ihm verbrannt werden, er gestattete weder zu pfeifen, noch Steine zu werfen, noch eine Feuerwaffe abzuschiessen, noch zu Pferde zu steigen oder auszufahren. Sogar den Dienern war es strenge verboten, in Hemdärmeln herumzugehen, verboten Jedermann, einen Kahn zu besteigen, verboten, Nachts in den Spiegel zu sehen.

Da Schalom ein seelensguter Mensch, da er der Sklave seiner Frau, der Diener seiner Tochter und der gute Kamerad seines Sohnes war, so fügten sich alle, aber es gab stets verdriessliche Gesichter, denn Edith entsagte mit schwerem Herzen dem Sattel, Noëmi vergoss jedesmal Thränen, wenn ein Habicht ihr ein Täubchen entführte und sie ihre kleine Flinte nicht von der Wand nehmen durfte, und Juda war noch stiller und ernster als sonst vor seinen Büchern, seitdem der Kahn nicht von der Kette gelöst werden durfte.

Als Schalom eines Tages in die Stadt ging, um seine Geschäfte zu besorgen, athmeten alle befreit auf. Frau Edith liess ihren Rappen satteln, und Noëmi lud ihre Flinte. Juda liess zwar den Kahn an der Kette, aber Nachmittags bestieg er gleichfalls ein Pferd und ritt davon.

Als Schalom Abends heimkehrte, sass Edith bereits wieder in ihrem Salon, und Noëmi stöberte in der Bibliothek umher, aber Juda war noch nicht zurück.

Schalom ging an den Ort, wo der Kahn lag, dann in den Stall und zählte die Pferde. Als er in den Salon zurück kam, war er bleich und ging aufgeregt auf und ab.

»Wo ist Juda?« fragte er endlich.

»Nicht weit«, erwiderte Noëmi, »er muss jeden Augenblick kommen.«

»Muss!« rief Schalom, »wenn er aber nicht kommt?«

»Juda ist doch kein Kind,« bemerkte Edith, »wenn ich ruhig bin, brauchst Du doch auch keine Angst zu haben.«

»Brauchen?« rief Schalom, »wenn ich aber doch habe? Niemand kann mir verbieten, Angst zu haben. Wenn er nur nicht zu Cooks ist, dort brennen sie Petroleum.«

Schalom kämpfte einen schweren Kampf. Aber endlich siegte die Liebe zu seinem Sohne über seine Furchtsamkeit und er ging hinab, liess ein Pferd satteln, fragte, in welcher Richtung Juda fortgeritten wäre und schlug denselben Weg ein.

Es war indess dunkel geworden und zum Ueberfluss stieg noch dichter Nebel aus den Wiesen und Gehölzen empor. Schalom war es recht unheimlich zu Muthe, aber er trieb sein Pferd an und sprach sich Trost zu. »Du hast täglich Deine Gebete verrichtet«, sagte er, »Du hast strenge alle Vorschriften beobachtet, Du hast reichlich Almosen gegeben, Gott wird Dich nicht verlassen.«

Doch in demselben Augenblick tauchte aus Nacht und Nebel eine weisse Gestalt, die ihm zu winken schien. Das Pferd fiel in Schritt, während Schalom, am ganzen Leibe bebend, zu beten begann. Eine zweite Gestalt, vom Monde geisterhaft beschienen, der langsam aus den Wolken trat! Schon wollte Schalom umkehren, da erinnerte er sich, dass hier der Friedhof lag. Er näherte sich der Mauer und erblickte jetzt die Reihen der Gräber und die Grabdenkmäler von Cypressen umgeben.

Wieder trabte er vorwärts, als plötzlich vor ihm ein schreckliches Getöse entstand, das rasch auf ihn zukam. Er trieb sein Pferd über den Graben, in das Feld, diesmal waren es ohne Zweifel Schaïdim oder gar Lillith selbst mit ihrem Gefolge.

Vor diesem weiblichen Teufel hatte Schalom einen besonderen Respekt. Aus dem Unflath der Erde erschaffen, war sie Adam's erste Frau gewesen und von Gott verflucht, jagte sie Nachts, von einem Heer von Dämonen begleitet durch die Luft. Alle tausend Jahre versucht sie einen Mann zu verführen, um von dem Fluche, der auf ihr lastet, erlöst zu werden.

Wenn sie Juda antraf? Wenn er in ihre Netze fiel?

Schon stürmte ein kleiner Wagen heran, an den zehn schwarze Ponnis gespannt waren. Die Funken stoben unter dem wilden Gefährte, das im Nu vorüberraste und sofort im Nebel verschwand.

Wenige Minuten später ertönte der Hufschlag eines Pferdes, und ein junges, schönes Weib sprengte heran und hielt vor Schalom. Sie war phantastisch gekleidet. Man hätte sie für eine Zigeunerin halten können, wenn sie nicht so blendend weiss gewesen wäre, und wenn ihr Haar nicht goldroth wie eine Flamme um ihre Schultern gespielt hätte.

Es war Lillith, die Verführerin, kein Zweifel. Schalom hatte Lust, die Flucht zu ergreifen, aber sie fragte ihn in gutem Englisch: »Ist dies der Weg nach Bath?« und das beruhigte ihn ein Wenig.

»Es ist etwas spät, um einen Spazierritt zu machen«, sagte er, »fürchten Sie sich nicht, Madame?«

»Oh! ich bin auf dem Pferde geboren,« rief die Schöne lachend. »Haben Sie nicht von Miss Cornills gehört? Gesellschaft ist auf dem Wege nach Bath, wo wir einige Zeit Vorstellungen geben werden.«

»Sie sind also?«

»Eine Kunstreiterin«, erwiderte Miss Cornills und gab ihrem Pferde einen Schlag mit der Gerte. Während sie im Nebel verschwand und Schalom seinen Weg fortsetzte, dachte er: »Wenn es auch nicht Lillith ist, eine Teufelin ist es doch, und ich bin froh, dass Juda ihr nicht begegnet ist.«

In demselben Augenblick strauchelte sein Pferd, und Schalom fiel in den Strassengraben.

»Da haben wir's«, rief er laut. Als er sich wieder erhoben und sich überzeugt hatte, dass er weder Hals noch Arm gebrochen, entdeckte er, dass das rechte Bein ihn schmerzte. »Habe ich nicht gesagt«, murmelte er, »dass man zu Omer nicht reiten soll.«

Indess hatte der Nebel sich etwas verzogen, und Schalom sah, dass er sich nur hundert Schritte von dem Landhaus befand, das die ihm befreundete jüdische Familie Cook bewohnte. Als er sein Pferd beim Zügel führend sich dem Thor des Parkes näherte, gewahrte er einen Reiter, der an der Mauer hielt, und eine weibliche Gestalt, die sich von derselben zu ihm herüberneigte.

Schalom band sein Pferd an und schlich durch die Gebüsche an das verliebte Pärchen heran. Ja, es war sein Juda, wie er gleich vermuthet hatte, und die Dame war Lea Meborah, die Erzieherin der Kinder Cook's. Ein hübsches Mädchen aus achtbarer jüdischer Familie und sehr gebildet, ja gelehrt, denn sie verstand ebenso gut Griechisch, wie Latein, Hebräisch und Arabisch.

»Das ist also die Machscheve«, dachte Schalom, »diese hübsche Hexe ist es, die ihn behext hat. Darum ist ihm keine Braut vornehm genug.«

»Ich muss nun fort«, sprach Juda, »mein Vater könnte zurückkehren und ich will ihm keinen Kummer bereiten.«

»Sie haben recht,« erwiderte Lea, »Sie bereiten ihm ohnehin Kummer genug, da Sie sich nicht verheirathen wollen.«

»Ich werde niemals verlangen, dass er uns seinen Segen gibt«, sagte Juda, »aber ebenso wenig werde ich jemals eine Andere zur Frau nehmen, als Sie, Lea. Sie, Sie sind mein Alles, nichts kann uns trennen.«

»Ich warte jetzt schon drei Jahre«, gab Lea zur Antwort, »ich kann noch länger warten, mein ganzes Leben, wenn Sie nur Ihr Herz keiner Anderen schenken.«

Schalom hatte genug gehört.

Am nächsten Morgen sagte Schalom lächelnd zu Juda: »Ich habe wieder eine Braut für Dich.«

»Ich danke«, erwiderte Juda, »ich bleibe lieber unverheirathet.«

»Aber diesmal ist es eine Gelehrte.«

»Ich will keine Gelehrte und keine Ungelehrte.«

»Auch Lea Meborah nicht?«

»Vater scherzen Sie nicht«, rief Juda erregt.

»Ich scherze nicht«, gab Schalom zur Antwort, »Du sollst Lea haben, aber unter einer Bedingung.«

»Oh! ich nehme jede an.«

»Also unter der Bedingung, dass Du nie wieder zu Omer ein Pferd besteigst, und dass Du in Deinem Hause kein Petroleum brennst.«

Der Todesengel.

– ITALIEN. –

Der Schnorrer. — Galoth. — Jüdische Askese.

Es war in einer frostigen Dezembernacht. Der Winter hatte die Appeninen in schimmernde Eiswälle verwandelt und alle Thäler mit Schnee gefüllt. Ein eisiger Wind blies durch die Wipfel der Bäume und schüttelte die Eiszapfen gleich tausend klingender Schellen. Das Heer der Sterne bedeckte den weiten Himmel. Weisse Gestalten standen am Wege, geheimnissvoll, gespensterhaft. Und ringsum war die Stille des Todes.

Trotzdem wanderte ein Mann durch diese wilde Gegend, durch diese Nacht voll Schrecken. In ein häres Gewand gehüllt, barhaupt, auf einen Stock gestützt, schleppte sich Zeruja Nebusch nur noch mit Mühe vorwärts; aber er fürchtete weder Frost, noch Ermattung, noch die Lawinen, die von den Bergen stürzten, noch die Abgründe, die sich von Zeit zu Zeit am Rande seines Weges öffneten. Er befand sich auf jener grauenhaften Wanderung, die der Jude Galoth nennt und welche den Menschen zum Gefährten des Wolfes und des Raubvogels macht.

Drei Tage und drei Nächte hatte er ununterbrochen gefastet, nicht einmal ein Tropfen Wasser war über seine Lippen gekommen und ebenso lange hatte er unter keinem menschlichen Dache geruht. Noch trugen ihn seine Füsse vorwärts, aber er fühlte, dass seine Kräfte zu Ende waren. Der Frost peinigte seinen erschöpften Körper, der weiche Schnee lud ihn zum Schlafen ein. Er wusste, dass er erfrieren würde, sobald er nur einen Augenblick ruhen wollte, und so ging er vorwärts, obwohl eine Art sanft betäubender Musik in seine Ohren klang und um ihn ein überirdischer Glanz war, wie vor den brechenden Augen eines Sterbenden.

Endlich ertönte Hundegebell und wurde ein Dach sichtbar, aus dem blauer Rauch emporstieg.

Zeruja konnte nicht mehr weiter. Er näherte sich dem Gebäude, einem stattlichen Bauernhof, fand das Thor einer Scheune offen, trat ein und warf sich auf das Stroh.

Noch immer war der seltsame Glanz um ihn, noch immer klang es ihm in die Ohren. Er sagte sich, dass sein Ende nahe sei, zog den Sohar, das heilige Buch der Kabbalisten, aus der Brust und erwartete betend den Tod.

Plötzlich ging die Thüre auf und auf der Schwelle zeigte sich eine herrliche Erscheinung. Ein Weib von biblischer Schönheit, im weissen Gewande, die schwarzen Haare über die Schulter niederwallend, einen krummen Säbel in der Rechten.

»Sei mir gegrüsst, Engel des Todes!« rief Zeruja und sank zurück. Seine Sinne schwanden.

Als der wandernde Büsser wieder die Augen öffnete, befand er sich auf einem weichen Lager in einer grossen Stube. Vor ihm stand ein Mann im besten Alter, eine kleine Lampe in der Hand, und das schöne Weib, das er für den Todesengel gehalten hatte, war damit beschäftigt ihn mit Hülfe verschiedener Essenzen in das Leben zurückzurufen.

»Wo bin ich?« fragte Zeruja.

»In einem frommen, jüdischen Hause«, erwiderte der Mann hebräisch. Er hiess Salamone Bologna und besass im Dorfe ein Haus, einen Acker und eine Schenke. Sulamith, seine Tochter, war durch das Hundegebell aufmerksam geworden, hörte das Thor der Scheune knarren, und da sie meinte, ein Dieb habe sich eingeschlichen, eilte sie mit einem alten Säbel in der Hand hinaus und fand den zu Tode erschöpften Pilgrimm.

»Woher kommt Ihr?« fragte das Mädchen.

»Aus Polen.«

»Und wohin geht Ihr?«

»Weiss ein Mensch, wohin er geht?« erwiderte Zeruja. »Ich suche Gott, wer weiss, ob ich ihn finden werde.« Er sank zurück in die Kissen und schlief ein.

Es war Mittag, am anderen Tage, als er wieder erwachte. Er kleidete sich rasch an, ergriff seinen Stock und wollte fort. Doch das Mädchen hielt ihn zurück.

»Ich darf nicht länger als eine Nacht unter einem Dache weilen«, sagte Zeruja.

»Bist Du wahnsinnig?«

»Hat nicht Gott zu Kain gesagt: Du sollst unstät und flüchtig auf der Erde sein?«

»Hast Du Deinen Bruder ermordet, wie Kain?«

»Nein, aber jeder Mensch ist sündhaft, und habe ich meine Sünden abgebüsst, so büsse ich für die Sünden der Anderen.«

»Du kannst nicht fort«, erwiderte Sulamith, »es sind Lawinen herabgestürzt diese Nacht, und die Brücken sind allerorten zerstört.«

Zeruja seufzte.

»Und heute Abend ist Sabbathanfang, Du kannst nicht am Sabbath wandern.«

Der Pilger ergab sich in sein Schicksal. Er liess sich auf einen Schemel bei dem grossen Kamin nieder, in dem ein riesiger Holzblock verglühte und starrte in die Flammen. Sulamith füllte aus einer dicken Flasche eine röthliche Flüssigkeit in ein kleines Glas und reichte es dem Pilger.

»Was soll ich damit?« fragte er.

»Trinken – es ist Arznei.«

»Wer zu Gott nach rechter Art zu beten versteht, der bedarf weder des Arztes noch der Arznei«, sagte der polnische Schnorrer.

»Wenn Gott wollte, dass Du zu Grunde gehst«, entgegnete das Mädchen, »so hätte er Dich in dieser Nacht verderben lassen. Er hat Dich aber unter unser Dach geführt, damit wir Dich retten. Hier nimm.« Sie sah ihn an und vielleicht war es mehr ihr dunkles Auge, geheimnissvoll, wie die Kabbalah, das ihn zwang, als dass ihre Worte ihn überredeten. Er nahm das Glas und leerte es.

»Und nun sollst Du essen.«

»Heute Abend, zum Sabbath, ja.«

»Nein, auf der Stelle. Du willst für fremde Sünden büssen«, rief Sulamith, »nimm Dich in acht vor allem, dass nicht Andere um Deinetwillen sündigen.«

»Wie?«

»Du willst uns hindern, das Gebot Gottes zu erfüllen, den Hungrigen zu speisen, den Durst des Verschmachtenden zu löschen.«

»Gib mir also zu essen.«

Eine Woche war vergangen und Zeruja hatte seine Wanderung nicht fortgesetzt. Die Ruhe und die Pflege hatten ihm wohl gethan, das unheimliche Feuer in seinen Augen war gewichen, die Blässe des Todes auf seinen eingesunkenen Wangen hatte einer gesunden Farbe Platz gemacht.

»Ich bin mit Dir zufrieden,« sagte eines Tages Sulamith, »Dein Körper erholt sich langsam, hoffentlich wird Dein Geist gesunden.«

»Ich bin nicht wahnsinnig«, antwortete der Büsser.

»Deine Seele ist krank,« sagte das Mädchen, »weil Du im Irrthum befangen bist.«

»Ich weiss, was ich thue«, sagte Zeruja, »es ist nicht genug, Gottes Gebote zu erfüllen, man muss aus Liebe zu Gott mehr thun, als er von uns verlangt, man muss sich sogar das Erlaubte versagen, nichts Weltliches darf den wahrhaft Eifrigen in Anspruch nehmen, kein Geschäft, keine Arbeit, kein Vergnügen. Er soll auch kein Weib haben. Ja, er muss seinen Körper tödten, um das Thier in sich zu bezwingen.«

Sulamith schüttelte den Kopf. »Und zu welchem Zweck dies alles? Dieser Eifer? Diese Qual?«

»Damit sich die Pforten der Geisterwelt öffnen, damit die Seele sich mit Gott vereinigen kann.«

»Gibt es nicht andere Mittel, Gott zu gefallen?«

»Es giebt nur eines«, erklärte der Schnorrer feierlich, »die Busse: Beten, Nachtwachen, Fasten, Geisseln, Qualen erdulden und immerfort wandern.«

»Und Du hast in dieser Weise Busse gethan?«

»Ja, ich habe mich im Winter im Schnee gewälzt und im Sommer auf Dornen, ich habe mich geisseln lassen, bis mein Blut floss, ich bin auf der Schwelle der Synagoge gelegen, damit mich ein Jeder mit dem Fusse tritt, der in den Tempel Gottes eingeht.«

»Zeruja, Du bist doch ein Narr!«

»Ich bin auch gewohnt Spott zu erdulden.«

»Wer sagt Dir, dass ich über Dich lache«, versetzte das Mädchen, »im Gegentheil, ich habe Mitleid mit Dir. Ich möchte Dich heilen.«

In derselben Nacht hörte Sulamith die Thüre gehen. Es war Mitternacht, als sie sich erhob, rasch ankleidete und hinaus eilte. Ihr erster Gedanke war, dass Zeruja heimlich das Haus verlassen, und seine Wanderung fortsetzen wolle.

Sie fand ihn vor dem kleinen Teich, der dem Hause gegenüber lag, damit beschäftigt, das Eis aufzuhacken.

»Was willst Du hier?« fragte sie erstaunt.

»Mich in das Wasser tauchen.«

»Zu welchem Zweck?«

»Um Busse zu thun. Ich sündige, indem ich meine Wanderung unterbreche, ich muss etwas thun, um Gott zu versöhnen.«

Sulamith nahm ihm die Haue aus der Hand und wies mit einer gebieterischen Bewegung auf die Thüre des Hauses. »Geh' hinein, sofort«, rief sie.

Zeruja sah sie an und gehorchte. Sie folgte ihm in die grosse Stube, sperrte die Thüre und liess sich dann beim Kamin nieder.

»Du willst Gott dienen«, sprach sie mit einem Ton voll Strenge und
Erbarmen zugleich, »Wahnsinniger! Du kennst Gott nicht. Du kennst nur
einen Gott des Hasses und der Rache, den Du versöhnen willst, ich kenne
einen anderen Gott, den Gott der Liebe und des Erbarmens, den Gott, der
den Regenbogen ausgespannt hat nach der Sündfluth als Zeichen des
Friedens, den Gott, der sein Volk Israel aus Egypten geführt hat, und der
uns in der babylonischen Gefangenschaft beschützt hat, und der uns auch
heute nicht verlassen hat, wo wir zur Strafe unserer Sünden über den
Erdboden zerstreut sind.«

Zeruja blickte zu Boden und schwieg.

»Thue nicht mehr, als Dein Gott von Dir verlangt«, fuhr das Mädchen
fort, »was massest Du Dir an, den Willen Deines Schöpfers besser zu kennen,
als er selbst, der ihn ausgesprochen hat auf dem Berge Sinai und durch den
Mund des Propheten.«

»Ich muss etwas thun, um Gott zu versöhnen,« murmelte Zeruja, »wenn
Du Mitleid mit mir hast, so hilf mir Busse thun. Lege mir schwere Ketten an

Hände und Füsse.« Er warf sich mit dem Antlitz zur Erde vor ihr nieder, wie vor seinem Richter und erwartete sein Urtheil.

»Nein«, sagte Sulamith, »Gott will nicht, dass der Mensch sich selbst Leiden auferlegt, er hat jedem sein Theil zugemessen in diesem Leben. Arbeit, Kummer, Schmerz, verlange nicht Prüfungen, die er Dir nicht zugedacht, erwarte alles von Gott und nimm geduldig hin, was er über Dich beschliesst. Suche nicht frömmer zu sein als die Anderen und nicht eifriger als Jene, denen Gott sich geoffenbart hat.«

Zeruja richtete sich auf und blickte das Mädchen an, auf den Knien vor ihr, die Hände gefaltet, wie ein Betender: »Ich glaube, Du hast recht«, murmelte er, »ich verstehe jetzt, wenn es im Traktat Nidah heisst: Gott hat dem Weibe einen schärferen Verstand gegeben, als dem Manne.«

»Gott sei gelobt, der Dich erleuchtet hat.«

»Er hat mich zugleich gestraft.«

»Wie?«

»Weil ich die Qual gesucht habe, hat er mich heimgesucht mit Höllenpein.«

»Ich verstehe Dich nicht.«

»Er hat mich unter dieses Dach geführt, um mich für meinen Uebereifer zu strafen.«

»Welche Einbildungen!« sprach Sulamith. »Du bist bei guten Menschen, die Dich retten wollen.«

»Dich, Sulamith, hat der Herr ausersehen, mich zu züchtigen«, fuhr der Schnorrer fort, »Du bedarfst keiner Ketten um mich zu fesseln, und Du geisselst mich, ohne die Geissel zu schwingen. Quäle mich, reiss' mir das Herz aus dem Leibe, Gottes Wille geschehe!«

Sulamith lächelte. »Es ist eine Fügung«, sprach sie, »aber eine glückliche. Nicht zu Deiner Qual hat mich Gott erschaffen, sondern zu Deiner Freude.«

Zeruja warf sich nochmals vor ihr nieder und presste seine Lippen auf ihren Fuss.

»Du liebst mich«, fuhr Sulamith fort, indem sie, die schönen Augen voll Thränen, auf ihn herabblickte, »auch mein Herz gehört Dir, es hat Dir vom ersten Augenblick an gehört, als ich Dich erstarrt und halb verschmachtet in jener Nacht in der Scheune fand. Steh' auf!«

Zeruja regte sich nicht, da neigte sie sich leise zu ihm herab, hob ihn auf und schloss seinen Kopf mit den wirren blonden Locken sanft an ihre Brust.

Haman und Esther.

– POLEN. –

Schuschan-Purim. – Hamanspiel.

Es war zur Zeit des Schuschan-Purim, die ganze Stadt Sandomir war in heiterer Aufregung und ein Jeder nach Kräften bemüht, die Nacht in hellen Tag zu wandeln. Alle Fenster waren erleuchtet, hie und da die Häuser mit farbigen Lämpchen und Ballons geschmückt, an den Fenstern sassen schöne jüdische Frauen und Mädchen in üppige Pelzjacken geschmiegt und lachten und assen Backwerk, und die Strassen durchzogen fröhliche Menschen in langen Kaftanen und die Maskerade war in vollem Zug. Hier kam ein Trupp jüdischer Jünglinge, die als kleinrussische Bauern gekleidet waren, und vor jedem Hause Halt machten und kleinrussische Volkslieder sangen, wobei sie sich mit Geigen, Bassgeigen und Flöten begleiteten. Andere kamen als Bären und schreckten die Mädchen, die in den Thüren standen. Wieder andere führten das Ahasverusspiel auf. Da war Esther, die, in Seide, Sammt und Hermelin gekleidet, eine Krone von Goldpapier auf dem Kopfe, von vier Sklaven getragen wurde, König Ahasverus mit seinem rothen Mantel, Monderich (Mardochai) mit seinem grossen Turban und endlich Haman, die Hauptperson, der mit einem schäbigen Kastorhut auf dem Kopfe, in weisse zusammengenähte Leintücher gehüllt, auf Stelzen einherging, wie ein Riese die Menge überragte und seine grosse Nase mit den drei gigantischen Karfunkelwarzen bald hier, bald dort an einem Fenster des ersten Stockes der kleinen, niederen Häuser erscheinen liess, so dass die Schönen erschreckt zurückfuhren und das Necken und Lachen kein Ende nahm.

Haman war natürlich Laktef Wilna. Wer hätte auch in Sandomir gewagt, den Haman darzustellen, als Laktef Wilna, der hübscheste, kräftigste, keckste und lustigste jüdische Bursche der ganzen Kreisstadt, der es wahrlich an Juden in keiner Weise fehlte. Wo der echt türkische Lärm der grossen Trommel, der Blechdeckel und einer heiseren Trompete das Herannahen der Personen des Ahasverusspieles ankündigte, wurden trotz der grimmigen Kälte die Fenster ganz oder doch ein wenig geöffnet und rosige Mädchengesichter und dunkle Frauenaugen blickten in die Strasse und schnell war Laktef Wilna zur Stelle und spielte den Neugierigen irgend einen Possen.

Der Madame Pflaumenbaum, die nur einen Augenblick das Guckfenster handbreit öffnete, warf er einen alten Pantoffel hinein, der schönen Frau Zuckerspitz, die in ihrer mit Zobel ausgeschlagenen und gefütterten Kazabaika im Fenster lag, denn sie wollte gesehen werden, überreichte er einen grossen vergoldeten Husaren aus Lebkuchen und machte sie erröthen und blitzschnell verschwinden. Der etwas allzu schlanken Tochter Grünwald schwor er, dass er einen sehr passenden Mann für sie gefunden habe und gab ihr einen Hering. Bei Jonathan Schmeikes, dem Kaufmann, wo ein halbes Dutzend junger Mädchen versammelt war, liess er eine Maus in das Zimmer und ergötzte sich an der wilden Jagd, die nun folgte, an dem Zetergeschrei, mit dem Alles, was lange Röcke trug, auf Stühle und Tische sprang, bis der kleine Störenfried glücklich in ein Mauerloch geschlüpft war.

Auf diese Weise kam Laktef Wilna auch zu einem ganz kleinen Hause in der langen Gasse, dessen Mauern sich wie die Blätter eines Kartenhauses nach innen neigten, und in dem, hinter mit Papier zusammengeklebten zerbrochenen Scheiben und morschen Thüren, in zwei Stockwerken und zwölf Zimmern bei dreissig dürftige, jüdische Familien wohnten. Er blickte durch ein Fenster, dessen Scheibe ein grosses Loch hatte, das nicht mehr durch bunte Papierstreifen unschädlich gemacht werden konnte und daher mit verschiedenen alten Strümpfen verstopft war, und sah in einem Stübchen, nicht grösser als ein Hühnerstall, ein Mädchen in einem schlechten, geflickten Kattunkleidchen sitzen und bitterlich weinen. Das verdarb Laktef Wilna den ganzen Schuschan-Purim, denn er hatte, wie alle leichtsinnigen Menschen, das beste Herz und konnte vor allem keine Thränen sehen. Er verhielt sich also vollkommen stille, legte seine Riesennase an die Scheibe und horchte. In dem Stübchen brannte in einem ausgehöhlten Erdapfel ein Stümpfchen Talglicht und sass in einem alten Lehnstuhl, dem ein Bein fehlte, ein Mann in einem zerrissenen Kaftan, die Jarmurka auf dem ergrauten Kopfe, die Hände gefalten und starrte in das Leere.

Es war der blinde Flickschneider Tobia Fischthran und das Mädchen seine Tochter Esther. Laktef Wilna kannte sie jetzt.

»Weine nicht«, sprach Tobia milde, »vom Weinen verliert man das Augenlicht. Was soll werden, wenn auch Du nicht mehr kannst, Esterka.«

»Was hilft es, zu arbeiten, Tate«, erwiderte das Mädchen seufzend, »wenn man verlassen von Gott?«

»Kein Mensch ist von Gott verlassen«, versetzte Tobia, »keiner, nur geprüft wird man von Gott, nicht verlassen.«

»Wir werden aber mehr geprüft als alle Anderen zusammen«, gab Esther
zur Antwort, »und doch haben wir nicht mehr gesündigt als sie. Bin ich nicht
fleissig vom Anbruch des Tages bis tief in die Nacht hinein, Tate, und kann
nicht einmal meinem blinden Vater das Stübchen heizen und Kuchen
backen, die doch der Aermste hat zum Schuschan-Purim.«

»Was brauchen wir Kuchen, wir hören doch die Musik und hören die
Leute lachen«, sagte Vater Fischthran.

»Mir thut es von Herzen weh, wenn sie lachen«, murmelte das arme
Mädchen und begann wieder zu weinen, aber ganz leise, damit es ihr alter
Vater nicht höre, denn sehen konnte er es ja nicht, wie sie die kleinen
mageren Hände vor die Augen presste, aber Haman sah es, Laktef Wilna sah
es und eilte auf seinen Stelzen rasch davon. Er war der Sohn wohlhabender
Eltern, er hätte können Geld in Esther's Fenster werfen und der Armen wäre
geholfen gewesen, aber das hätte ihm keine Freude gemacht, er war nur dann
zufrieden, wenn er den Leuten irgend einen Schabernack anthun konnte, und
so war er auch jetzt entschlossen, hier den Armen einen liebenswürdigen und
anderswo den Reichen einen ärgerlichen Possen zu spielen. Er ging zuerst zu
dem Hause des Holzhändlers Jainkef Jeiteles, lehnte sich an die Hofmauer
und begann von dem jenseits hoch aufgeschichteten Holze ein Scheit nach
dem anderen herüber zu ziehen und dem untenstehenden Monderisch,
seinem Freunde Teitel Silberbach, zuzuwerfen. Dann kehrten sie rasch zu
dem Hause, wo Esther wohnte, zurück, Laktef stieg von seinen Stelzen
herab, und Beide schlichen bis vor Fischthrans Thüre und schichteten das
Holz vor derselben auf. Als dies geglückt war, eilte Haman rasch durch die

Strassen und blickte in alle Fenster, und richtig, bei Jonathan Schmeikes, dem Kaufmann, hatten sie auf das Küchenfenster zwei grosse Schüsseln mit dampfenden Kuchen gestellt und die Köchin war eben beim Herde beschäftigt und kehrte den Rücken. Schnell hatte sich Haman der Kuchen bemächtigt und wie mit Siebenmeilenstiefeln ging es wieder zurück zu der kleinen Esther. Jetzt schlich Monderisch mit seinem grossen Turban hinauf, klopfte dreimal laut an die Thüre und entfloh. In dem Augenblick, da Esther aufstand und öffnete, zog Laktef Wilna eilig die Strümpfe heraus, warf die Kuchen durch das Loch in der Scheibe hinein, verstopfte dasselbe wieder und versteckte sich dann hinter der Dachrinne.

Als Esther die Thüre öffnete, rief sie: »Tate, wir haben Holz, wer hat uns das gebracht?«

»Holz?« sprach Tobia staunend, »wer sollte uns Holz bringen?«

»Es hat doch dreimal geklopft«, fuhr Esther fort, »und als ich öffne, liegt das Holz da, und was für ein prächtiges Holz! Darf ich das nehmen?«

»Frage nicht lange, mein Kind.«

»Aber es ist wie ein Zauber.« Sie schichtete das Holz hinter dem Ofen auf, zerhackte eines der grossen Scheiter, machte Spähne, und bald prasselte im Ofen ein herrliches Feuer und die kleine Stube erwärmte sich behaglich. Esther trocknete ihre Thränen. »Und hier! was soll das bedeuten. Tate«, schrie sie auf, »das ganze Fenster voll Kuchen!«

»Kuchen?« wiederholte der Blinde ungläubig, vor Freude bebend.

Esther reichte ihm einen und Beide begannen zu essen.

»Noch ganz warm«, sprach sie, »aber das ist ja alles wie ein Wunder.«

»Siehst Du, Esterka, Gott hat uns nicht verlassen«, sprach der Blinde, »das ist der Prophet Elias, der hat gesehen Deine Thränen und ist gekommen uns zu beschenken zum Schuschan-Purim.«

»Ja, Tate, niemand als der Prophet Elias.«

Beide begannen zu beten.

»Wenn er aber da ist bei uns und sieht unsere Noth«, begann wieder Esterka, »warum bringt er mir nicht auch warme Kleider und Schuhe, zu kleiden meinen blinden Vater?«

»Was brauche ich warme Kleider«, rief Tobia lächelnd, »hab' ich doch jetzt ein warmes Stübchen, aber Du, mein Kind, Du thust laufen eppes zu die

Leute durch Frost und Schnee in Deinen zerrissenen Schuhen und Deinem dünnen Kleidchen.«

»Verlange nicht zu viel, Tate«, beschwichtigte ihn Esther, »hab' ich doch auch ein warmes Tuch.«

»Wenn der Prophet Elias will«, entgegnete der Blinde ärgerlich, »so kann er Dich kleiden wie eine Prinzessin, er kann Dich kleiden in einen Zobelpelz, wenn er nur will.«

»Aber Tate —«

»Und ja, wenn man schon bittet, soll man ordentlich bitten, und so bitte ich ihn um einen Zobelpelz für Dich.«

»Tate, er wird böse werden, und es wird verschwinden das Holz.«

»So soll es nicht Zobel sein, aber Du sollst haben einen Pelz.«

»Wozu? bedenke doch.«

»So soll es nur eine Jacke sein, gefüttert mit Pelz, dass Du nicht mehr frierst.«

Laktef Wilna hörte alles und lachte heimlich in sein gutes, mitleidiges Herz hinein, und wieder eilten die Stelzen hin und her, und Haman's grosse Nase blickte in alle Fenster und sein Arm langte hinein, wo es nur anging und bemächtigte sich der Sachen, die der Prophet Elias nöthig hatte. Vor dem Laden des Trödlers Winkelfeld hingen ein paar rothe Hausstiefel, die er von einem Edelmann erhandelt, Haman nahm sie, ohne viel zu fragen, mit. Bei dem reichen Sprintze Veigelstock entlehnte er einen schwarzen Atlaskaftan, bei den Töchtern des Freudenthal ein Paar neue Schuhe und ein Kleid. Aber die Pelzjacke? Richtig, bei Frau Zuckerspitz waren die maskirten jungen Leute eingedrungen und sie tranken jetzt Tscha und tanzten, und die schöne, kokette Frau hatte ihre mit Zobelpelz ausgeschlagene und gefütterte Kazabaika abgeworfen, und da das Fenster nur zugelehnt war, öffnete es Laktef Wilna leise und nahm die Kazabaika vom Stuhl.

Mehrere Minuten später klopfte es an Esther's Fenster.

»Das ist er«, flüsterte Tobia, »thu' ihm auf.«

Esther öffnete das Fenster und lief dann hinter den Ofen und schloss die Augen. Als sie dieselben wieder öffnete, lagen der Kaftan da und die Kazabaika, das Kleid und die Schuhe und Stiefel. »Tate«, rief sie, »er hat uns gebracht alles, was wir haben erbeten.« Sie schloss das Fenster und zog dem blinden Vater die warmen Stiefel an und den seidenen Kaftan und zog selbst die Schuhe an und das Kleid und schlüpfte in die prächtige Kazabaika der Frau Zuckerspitz.

»Was für ein Glück!« rief der Blinde, »gewiss stehst Du jetzt da, Esterka, wie eine Prinzessin. Komm' doch zu mir.« Und da er sie nicht sehen konnte, so strich er mit der zitternden Hand, sie zitterte jetzt vor Freude, über den Sammt der Kazabaika und das schwellende Pelzwerk. »Das ist Zobel, mein Kind«, sprach er fast erschreckt, »der gute Prophet Elias hat mich gehört und hat Dir gebracht zum Schuschan-Purim eine Jacke mit Zobelpelz. Siehst Du, wie uns Gott liebt? Und da der Prophet Elias uns hat geschenkt so viel, soll er auch bringen meinem Kinde einen braven, schönen und jungen Mann.«

Esther hielt ihm den Mund zu. »Sei ruhig, Tate, sonst verschwindet noch alles, so wunderlich, wie es gekommen ist.«

Laktef Wilna aber blickte durch das Fenster in das Stübchen, und als er Esther so stehen sah in dem hübschen Kleide und der prächtigen Pelzjacke, da dachte er: was für ein schönes Mädchen, und so brav und klug, und so reinen Herzens, warum soll sie nicht finden einen Mann? Sie aber lächelte und sprach: »Tate, wer sollte mich nehmen, die keinen Groschen hat?«

»Weisst Du was?« flüsterte Tobia, »Du sollst versuchen Dein Glück, Esterka, und am Schuschan-Purim legen eine Schlinge.«

»Warum nicht?« rief Esther lachend, »ich will gehen auf die Strasse, und will legen einem Manne eine Schlinge, aber wenn ein Alter schreitet über die Schlinge und fängt sich, oder Einer, der einen Buckel hat?« Sie lachte und lachend riss sie sich drei ihrer glänzenden, schwarzen Haare aus und knüpfte sie zu einer Schlinge, während ihre rothen Lippen kabbalistische Worte murmelten und Laktef Wilna sah sie die Schlinge knüpfen und lachte und dachte: »Warte nur, Du sollst den losesten Vogel der ganzen Khille fangen in Deiner Schlinge.«

Und als Esther vorsichtig aus dem Hause trat, war Haman von seinen Stelzen herabgestiegen, hatte Hut und Gewand und Nase seinem Freunde übergeben und in dem Augenblicke, wo sie die Schlinge gelegt hatte und sich scheu in das Hausthor zurückzog, kam Laktef Wilna daher, schritt über die Schlinge hinweg und war gefangen und Esther mit ihm, denn er erhaschte sie im Hausthor, schlang die kräftigen Arme um die schlanke, bebende Gestalt und küsste sie auf die rothen Lippen. Sie aber machte sich los und floh die Treppe hinauf.

Am nächsten Morgen beklagte Frau Zuckerspitz ihre Kazabaika und Veigelstock seinen Kaftan und der Trödler seine Stiefel, und Laktef Wilna erschien und klärte alles auf. »Ich habe genommen Ihre Kazabaika und habe sie gegeben einem armen Mädchen«, sprach er zu der schönen Kokette, »und sie glaubt, dass der Prophet Elias sie hat beschenkt, aber Sie sollen die Kazabaika wieder haben.«

»Nein, nein«, rief die Schöne, »sie war so nicht mehr ganz neu. Sie haben gethan ein gutes Werk für mich, und mein Mann soll mir kaufen eine neue.« Und genau so erging es ihm bei den Anderen, denn einen Armen beschenken, ist für den gläubigen Juden stets nur eine Freude.

An demselben Vormittag erschien aber der alte Wilna bei Tobia Fischthran und hielt bei ihm, für seinen Sohn, um die schöne Esther an.

Die Erlösung.

Col-Nidre. – Kapores.

Es war Col-Nidre, der Abend vor dem Versöhnungstage. Die sonnige Heiterkeit des Herbstes lag wie süsser Duft auf den buntfarbigen Bäumen des Waldes, den weiten, stillen Fluren und den kleinen, mit rauchigen Schindeln gedeckten Häusern des ungarischen Städtchens. Ein letzter warmer Lichtstrahl stahl sich fast verschämt durch die halb erblindeten Fensterscheiben in das Haus des Kaufmanns Teller Herschmann und zitterte auf der Diele der grossen Stube, gerade als die beiden Männer hier eintraten, von deren Antlitz gleichfalls Licht, der Sonnenschein des Geistes und der Wissenschaft, in diesen dunklen Raum strahlte, in dem die Seelen ebenso dunkel waren, wie die zahlreichen Winkel und Winkelchen, welche die alten, massiven Möbel bildeten.

Der zuerst hereinkam, war der Arzt Jonas Bienenfeld, der Bruder der Frau Herschmann. Er kam, um ihr und den Ihren Glück zu wünschen, und es war nur an diesem Tage, dass er kam, denn er galt als arger Freigeist in der frommen strenggläubigen Gemeinde und war deshalb halb ausgestossen, einer von Jenen, denen die Zeloten der Synagoge von ganzem Herzen wünschen, »dass sie die Erde verschlinge«, und wenn ihn die Erde noch nicht verschlungen hatte, so war es wahrlich nicht die Schuld der Eiferer, die an den Wänden des Tempels zu stehen und dieselben anzurufen pflegten.

Mit Jonas Bienenfeld war diesmal ein junger Mann gekommen, dessen schlanke Gestalt, dessen feines, ein wenig bleiches Gesicht bei all' seiner Jugend den Denker, den ernst und entschlossen nach Erkenntniss, nach Wahrheit Ringenden verriethen. Es war dies der Liebling des geistvollen, jovialen Arztes, der Student der Medizin, Abner Barach, den der Erstere mitgebracht hatte, damit er seine Nichten kennen lerne.

Als die Beiden erschienen, hatte Frau Maecha Herschmann eben mit den am Col-Nidre üblichen, seltsamen, jüdischen Zeremonien begonnen. Während die übrigen Kinder, festlich gekleidet, feierlich im Halbkreise um sie standen und eine Anzahl Hühner, die Kapores (Opfer) gleichfalls geschmückt und die Füsse mit farbigen Bändern zusammengebunden, auf dem Boden lag, sass mitten in der Stube, auf einem Stuhl, mit gesenktem Haupte ein Mädchen, ihre älteste Tochter Mathele. Von dem einfachen weissen Kleid, das sie trug, hob sich ihr leicht geröthetes, unschuldiges Gesicht mit den dunklen Flechten reizvoll und herzgewinnend ab.

Abner's Blick ruhte überrascht auf dieser keuschen, schönen Erscheinung, die geboren schien, um zu dienen, zu gehorchen, zu leiden, und jetzt schlug auch sie die Augen auf, zwei grosse, dunkle, sanfte Augen, in denen ein schwermüthiger Glanz war, der Glanz der Thränen. Sie sahen sich zum erstenmal, der junge Arzt und die Tochter des Zeloten, aber sie blickten einander an, als wären sie sich schon einmal auf einem anderen Sterne begegnet, ja, als wären ihre Seelen seit Ewigkeit mit einander vereint.

Frau Maecha Herschmann sprach indess mit einem vielsagenden Blick auf ihren halb verlorenen Bruder das uralte, wundersame Eingangsgebet: »Menschenkinder, welche in Finsterniss sitzen, sie sind gefesselt in Armuth und Eisen. Er soll sie aus der Finsterniss herausführen und ihre Bande zerreissen. Sie sind bethört von ihrem frevelhaften Wesen, von ihren Sünden sind sie gequält. Jede Speise verabscheut ihre Seele und sie gelangen bis zur

Pforte des Todes, sie flehen zum Ewigen in ihrer Noth. Von ihren Drangsalen hilft er ihnen, er schickt seine Worte und rettet sie von ihrem Verderben. Sie danken dem Ewigen für seine Gnade und seine Wunderthaten. Wenn er einen Engel zum Vorsprecher hat, der von des Menschen Redlichkeit zu sagen weiss, dann wird er ihn begnadigen und wird ihn erretten vom Untergange, von der Gruft, und er wird sagen: Ich habe Erlösung gefunden.«

Als dies Gebet zu Ende war, schwang die Mutter den ängstlich flatternden und schreienden, jungen Hahn, den sie in der Hand hielt, dreimal um das Haupt Matheles und fuhr fort: »Das ist meine Umwandlung, das ist mein Tausch, das ist meine Vergebung. Dieser Hahn soll dem Tode geweiht sein, und ich soll langes Wohlleben und Freude erlangen.«

Nachdem die Sühnezeremonie auch an den anderen Kindern vollzogen war, wurden die armen Opfer, die Kapores den armen Leuten geschenkt, welche bereits freudig erregt in der Flur den willkommenen Braten erwarteten.

Die Familie sass dann um den grossen Tisch herum, und während Bienenfeld seinen gutmüthigen Witz an den Zeloten des Städtchens übte, Teller Herschmann beharrlich schwieg und Frau Maecha entrüstet seufzte, wechselten Abner und Mathele von Zeit zu Zeit einen Blick oder ein paar Worte, die, so gewöhnlich sie auch klangen, für diese Beiden süsse Musik waren.

Der lange Tag, so genannt, weil das strenge Fasten und Dürsten von Sonnenuntergang zu Sonnenuntergang auch dem Frömmsten schwer wird, ging glücklich vorüber. Alles nahm wieder fröhliche Miene in Israel an, und Abner, der bei Bienenfeld wohnte, und sich zu seinem Doktorexamen vorbereitete, begann in seinen freien Stunden das dunkle Haus des strengen finsteren Teller Herschmann fleissig und immer fleissiger zu besuchen.

Als er wieder eines Nachmittags kam, fand er die schönen Augen Mathele's in der That mit echtem Thränenglanz gefüllt.

»Was ist denn geschehen?« fragte er erschreckt.

Das schöne Mädchen deutete auf ihre Katze, die unter dem Ofen lag und schwer athmete.

»Ich glaube, sie stirbt.«

»Wer?«

»Meine Lili.«

»Oh! man stirbt nicht so schnell,« versetzte Abner lächelnd, »und die Katzen insbesondere haben ein zähes Leben. Machen Sie mich also nur getrost zu Ihrem Hofmedikus, und lassen Sie mich Ihre kleine Freundin sehen.«

Mathele lächelte verlegen, nahm Lili auf den Arm und der zukünftige Doktor begann das niedliche Thier zu untersuchen.

»Das hat nicht viel zu bedeuten,« sagte er dann, »ein Katarrh, weiter nichts. Lili ist meine erste Patientin, und ich will es als ein gutes Omen nehmen, wenn ich sie heilen kann. Aber, um Sie zu beruhigen, Fräulein, will ich sofort Arznei holen.«

Abner ging und kehrte rasch mit einem homöopathischen Mittel zurück. Während jetzt Mathele das niedliche Thierchen festhielt, öffnete der junge Mediziner demselben mit einem kleinen Löffel die Zähne und flösste demselben die Medizin ein. Das Kätzchen wehrte sich heldenmüthig mit den beiden Sammtpfötchen, indem es zugleich miaute, aber trotz seines Widerstandes wurde die Kur glücklich begonnen und zu Ende geführt, und als Lili zum erstenmal, ihr schneeweisses Fell an der Sonne wärmend, behaglich zu schnurren begann, da blickten Mathele's grosse Kinderaugen mit heiterer Dankbarkeit auf Abner, sie hätten nicht dankbarer blicken können, wenn er sie selbst vom Tode errettet hätte.

Fortan bekam der Mediziner jedesmal ein freundliches, gutes Lächeln zum Gruss, und wenn er unter den Kindern sass und ihnen von den Wundern des menschlichen Organismus erzählte, da hingen die grossen Augen Mathele's mit fast zärtlicher Bewunderung an seinem geistvollen Gesicht, seinen feurigen Lippen.

Und so geschah es, dass er einmal zur Dämmerstunde in das Verkaufsgewölbe Herrn Teller Herschmann's trat, und während die Mutter mit den Kleinbürgern und Bauern schacherte, die Tochter in dem kleinen, mit allerhand bunten Bildern beklebten Verschlag vor dem Hauptbuch sitzend und emsig rechnend fand. Sie sah zu ihm auf, steckte die Feder hinter das Ohr und bot ihm die Hand.

»Guten Abend, Herr Barach.«

»Guten Abend, mein Fräulein.«

»Ich bitte Sie, sich nur einige Minuten zu gedulden«, fuhr sie fast flehend fort, »ich bin gleich fertig.«

»Oh! ich kann warten.«

Er setzte sich auf einen Ballen, der in der Ecke lag, und wurde nicht müde, der kleinen weissen Hand zu folgen, die eilig auf dem Papier hin und her flog, oder das feine gute Gesicht zu betrachten, das sich mit kindischem Ernst über das grosse Buch neigte, während die vollen rothen Lippen sich zählend bewegten.

Endlich legte das Mädchen die Feder hin, und als Abner aufstand, sah er, dass ihre niedlichen Finger ganz schwarz von Tinte waren. Sie hob sie in die Höhe und blickte rathlos empor.

»Erlauben Sie mir, Mathele, von diesen reizenden, kleinen Fingern die garstige Tinte wegzuküssen«, sprach Abner, und ehe noch die Erlaubniss ertheilt war, hatte er die Hand des süssen Mädchens ergriffen und seine Lippen auf ihre Finger gedrückt.

»Was thun Sie?« flüsterte Mathele, »wenn die Mutter ...«

»Ich thue, was ich muss«, murmelte Abner.

»Und was müssen Sie?« fragte Mathele schalkhaft, »doch nicht mir die garstige Hand ...«

»Ich muss Sie lieben, Mathele«, fiel Abner ein, »ich kann nicht anders, ich liebte Sie vom ersten Augenblicke an, wo ich Sie gesehen. Es ist wie ein Märchen.«

»Oh! ich kann Ihnen ein Märchen erzählen«, erwiderte Mathele selig lachend, »das ebenso schön ist, von einem thörichten Mädchen, dessen armes Herz auch beim ersten Blick erobert wurde von einem jungen Manne, der sehr gescheidt ist und gelehrt. Ach, Abner! ich liebe Sie ja auch. Aber was soll daraus werden?«

»Etwas Gutes, Mathele«, rief der Mediziner, »denn wo zwei Herzen sich in Treue begegnen, da wachen Gottes Engel, und kein Dämon hat Macht über sie.«

Aber der Dämon war doch nicht so leicht zu besiegen, der Dämon der Finsterniss, des Zelotismus, vereint mit jenem der Habsucht.

Maecha sah die Besuche Abner's in ihrem Hause von allem Anfang mit misstrauischen Blicken an, und mit der Zeit wurde auch Teller Herschmann aufmerksam. Er hatte eine gute Partie für seine Tochter, einen Mann, »wie Gold«, und nun sollte ihm dieser »Bettler«, dieser Amcharetz (Ketzer), wie er ihn nannte, seine Fäden zerreissen. Nein, das duldete er nicht, er war Herr des Hauses und auch seiner Tochter. Sie musste gehorchen, das war eine religiöse Pflicht in seinen Augen.

Es kam der Tag, wo Teller Herschmann unerwartet den reichen Kornhändler Mark Leiser aus Kaschau seiner Frau und Tochter als den Bräutigam der letzteren vorstellte. So sanft und folgsam Mathele war, diesmal fand sie doch Worte des Widerspruches, ja sie setzte sich sogar muthig zur Wehre.

»Du machst mich unglücklich, Tate«, sprach sie, als sie mit ihrem Vater allein war, »ich will nicht, ich kann nicht Mark Leiser's Frau werden, Du brichst mir das Herz, denn ich liebe Abner Barach, ich kann keinen Anderen lieben.«

Teller Herschmann aber kehrte sich nicht an ihre Vorstellungen, ihre Bitten rührten ihn ebenso wenig, wie ihre Thränen, wie ihre von Tag zu Tag bleicher werdenden Wangen. Vergebens kam Jonas Bienenfeld, um zu ihren Gunsten zu sprechen.

»Soll ich mein Kind geben, meine Mathele«, schrie Teller Herschmann, »einem Manne, der verachtet die Gesetze, einem Menschen, der kein eigen Haus hat und keinen Kreuzer in der Tasche!«

»Abner hat mehr als ein eigen Haus und mehr als Geld«, erwiderte Bienenfeld, »er hat einen guten Kopf und er hat etwas Rechtes gelernt, er trägt seinen Schatz mit sich herum, und kann ihn deshalb niemals verlieren, weder durch eine Feuersbrunst noch durch verfehlte Spekulationen. Er wird aber Geld verdienen und wird sich bauen ein eigen Haus, denn er wird ein Arzt werden, den man wird bezahlen mit vollen Händen.«

»Mag sein, aber ich will ihn nicht zum Schwiegersohne haben,« gab Herschmann erbost zur Antwort, »ich will nicht, Jonas, hörst Du, ich will nicht.«

»Auch ich will ihn nicht«, sagte Maecha.

»Ihr wollt Euer Kind opfern«, entgegnete jetzt Bienenfeld gleichfalls gereizt, »Eurer Thorheit, Eurer Geldgier wollt Ihr es opfern, denn ich sage Euch, als Arzt sage ich es Euch, Mathele wird sterben, wenn man sie von Abner trennt, wie die Blume stirbt, die man ausreisst. Eure Kinder werden dahinsterben, eines wie das andere, und Ihr werdet allein stehen im Alter, einsam, ungeliebt und verlassen, denn alle Eure Kinder sind nur die Kapores Eurer Habsucht.«

»Gott wird uns beschützen.«

»Gott hat mit Euresgleichen nichts zu schaffen. Guten Morgen.«

Seitdem durfte Abner das Haus Herschmann's nicht mehr betreten, aber Mathele entfloh, so oft es nur anging, den finsteren Räumen, in denen der Wahn und die Selbstsucht regierte und schlich heimlich zu ihrem Oheim Jonas Bienenfeld und sprach dort mit dem Geliebten.

Das währte einige Zeit. Dann musste Abner nach Wien, sein Examen zu machen, und die Liebenden sahen sich lange Zeit nicht, aber Dank dem guten Onkel konnten sie sich wenigstens schreiben, er nahm Abner's Briefe für Mathele in Empfang und sendete die ihren an ihn.

Nachdem er sich das Doktordiplom errungen hatte, liess sich Abner in der Hauptstadt Budapest nieder und begann seine Praxis, und jetzt lächelte ihm das Glück. Ein paar glückliche Kuren machten ihn bekannt, und bald war er ein gesuchter Arzt in der Hauptstadt. Indess wurde Mathele von Tag zu Tag bleicher, sie sehnte sich nach dem Geliebten, sie kränkelte, ihre Augen glühten unheimlich und auf ihren Wangen zeigten sich von Zeit zu Zeit die traurigen Rosen des schleichenden Fiebers.

Zum Ueberfluss entdeckte die Mutter auch noch ihren Briefwechsel mit Abner, und der Vater drohte sie zu verfluchen, wenn sie noch eine Zeile an Abner schreibe oder von ihm empfange. Mathele ergab sich, aber sie welkte dahin, wie ein Mairöslein im Wasserglase.

Und wieder war es Col-Nidre, der Abend vor dem Versöhnungstage, und als Maecha die Kinder in die grosse Stube berief, um die Kapores zu opfern, da fehlte Mathele. Sie war nicht mehr im Stande, ihr Zimmer, den Lehnstuhl, in dem sie sass, zu verlassen. Als die Mutter, einen jungen, mit blauen Bändern aufgeputzten Hahn in der Hand, bei ihr eintrat, streckte sie ihr abwehrend beide Hände entgegen.

»Kein Kapores für mich«, stammelte sie, von heisser Fiebergluth geröthet, »ich werde dennoch sterben. Der Tate soll zu mir kommen auf der Stelle.«

Teller Herschmann kam, noch immer hart und trotzig, aber der Anblick seines Kindes erweichte sein steinernes Herz.

»Ich will also die Hochzeit feiern mit Mark Leiser«, sprach Mathele, »aber Du musst Dich damit beeilen, Tate. Wenn ich schon das Kapores bin, so will ich doch nicht zwecklos geopfert sein. Hast Du Mark Leiser's Geld in Dein Geschäft gezogen, dann darf ich ja wohl sterben, und ich werde sterben. Mach' es rasch ab, Tate, denn Du kannst doch nicht dem Mark Leiser eine Todte zum Weibe geben.«

Teller Herschmann nahm sich mit beiden Händen beim Kopf und rannte fort, er rannte geradeaus zu Jonas Bienenfeld.

»Mathele stirbt,« schrie er und raufte sich den Bart, »rette sie, Jonas. Ich bezahle, was Du willst.«

»Ich bin nicht der Arzt, um Mathele zu heilen.«

»Also keine Hülfe? keine?«

»Doch – aber der sie heilen kann – ist nur Einer – Abner Barach.«

»Er soll kommen«, schrie Teller Herschmann, »wenn er Mathele rettet, geb' ich sie ihm zur Frau, Gott soll mich strafen, die Erde soll sich aufthun, und das Feuer der Hölle soll mich verschlingen, wenn ich es nicht thue; wenn er sie aber nicht rettet, dann bekommt er sie nicht.«

»Du kluger Mensch«, erwiderte Bienenfeld bitter lächelnd, »wenn er Mathele nicht rettet, wenn sie stirbt, wird sie Abner so nicht zum Weibe nehmen können.«

»Ich bin schon ganz verwirrt«, seufzte Teller Herschmann.

Bienenfeld sendete sofort eine Depesche an Abner, und als der Abendstern die tröstliche Botschaft brachte, dass der »lange Tag« zu Ende sei, dass Gott sich mit dem Volke Israel versöhnt habe, trat er mit Abner in Mathele's Stübchen.

»Nun, Mathele,« rief Bienenfeld lachend, »willst Du auf der Stelle gesund werden?«

»Du willst nicht?« fuhr der Arzt fort, »warte nur, ich will Dir schon eine Medizin verschreiben, die sofort hilft, und die Du gerne nehmen wirst.«

Er setzte sich an den kleinen Schreibtisch, an dem sonst Mathele ihre Briefe an Abner und ihr wehmüthiges Tagebuch geschrieben hatte, und warf auf einen Streifen Papier ein Rezept hin: »da!«

Mathele las: »Recipe den Abner Barach von früh bis abends Dein ganzes Leben lang.« Jetzt lächelte sie wieder, aber nicht mehr schmerzlich, sondern froh und glücklich.

»Er soll Dein Mann werden«, rief Teller Herschmann, »aber nur, wenn er Dich retten kann.«

»Siehst Du, dass Du gesund werden musst«, fügte Bienenfeld hinzu, »willst Du also, oder bleibst Du halsstarrig, Du ungerathenes Kind?«

»Oh! ich bin schon gesund«, flüsterte Mathele und blickte so selig auf Abner, der vor ihr kniete und ihre Hände küsste. Und sie wurde wirklich gesund, Dank der Kunst der beiden Aerzte und Dank jener süssen, alles heilenden Arznei der Liebe, welche den Balsam des Lebens in todtkranke Herzen träufelt.

Als es wieder Frühling wurde, blühte das holde Mädchen mit den Blumen um die Wette auf, und ehe es Sommer ward, war sie Abner's Frau und baute sich ihr kleines, liebes Nest in Budapest, mitten unter seinen Skeletten, Spirituspräparaten und Instrumenten.

Das Trauerspiel im Rosengässchen.

– HOLLAND. –

Jüdische Liebe. – Purim. – Handel.

Das Rosengässchen der kleinen holländischen Stadt Waarnam verdankte seinen Namen wohl einer Ironie des Schicksals. Man fand hier eher jeden anderen Geruch als den einer Rosenflur. Das Gässchen war so eng, dass man sich aus den gegenüberliegenden Häusern beinahe die Hände reichen konnte, und alle die alten Häuser waren so hoch, dass kein Sonnenstrahl in die Strassen drang. Zu beiden Seiten gab es nur kleine, düstere Gewölbe, in denen alles Erdenkliche verkauft wurde, und die Waaren breiteten sich bis in die Gasse hinein aus. Alle diese Ballen und Tonnen erfüllten die Luft mit einem abscheulichen Geruch von Feuchtigkeit und Moder, von Fett, Heringen, Fischen, Leder und Fellen.

Seit hundert Jahren waren hier zwei kleine Geschäfte eines dem anderen gegenüber. In jedem handelte man mit denselben Waaren, mit Stoffen aller Art, und so war es begreiflich, dass die beiden Familien sich niemals sonderlich liebten. Doch seit einiger Zeit war der Neid und die Eifersucht der beiden Kaufleute Joseph van Markus und Abraham Honigmann in Hass und Feindschaft ausgeartet.

Bei Beiden sah man so recht den Unterschied der Sabbathseele und der Wochenseele.

Einmal in der Woche, wenn sie im Kreise der Ihren den letzten Schöpfungstag feierten, waren sie beide Patriarchen, Könige, edel, weise, gütig, erleuchtet, aber in der Woche waren sie Handelsleute der schlimmsten Art, bornirte, ungebildete Kleinstädter, egoistisch, habgierig und abergläubisch.

Wenn ein Käufer nahte, suchten sie sich ihn beide streitig zu machen, und nicht Markus und Honigmann allein, beide Familien stürzten sich vollzählig auf ihn, wie Raubvögel auf ein Aas. Von der einen Seite Frau Markus, ihre Töchter, Löwy, der Bruder der Frau Markus und dessen Frau und Kinder, von der anderen Seite Abraham, Frau Honigmann, Jonas, ihr Sohn und dessen Frau und Kinder.

Ein wahrhaft homerischer Kampf entstand.

Hewa Markus z. B. hielt den Mann, der einen rothen Sammt suchte, beim linken Arm und Ovadia Honigmann beim rechten, die kleine Lise Markus und die kleine Mirza Honigmann hingen sich an die Rockschösse, Frau Markus verbarrikadirte ihm den Weg mit ihrem grossen Busen und Frau Honigmann schnitt ihm mit ihren riesigen Hüften den Rückzug ab. Während Markus und Löwy von der einen Seite die Ballen auf die Strasse herausschleppten und den Sammt ausbreiteten, liessen Honigmann und Jonas von der anderen Seite den königlichen Purpur in dem bischen Licht spielen, das sich in das Rosengässchen stahl.

Und hatte der Käufer gewählt, begleiteten ihn Segenswünsche von der einen Seite und von der anderen Flüche wie: Steine sollen ihm wachsen im Bauch und Ribisel (Johannisbeeren) auf der Nase.

Wo es nur anging, neckten sich die beiden Familien und suchten einander Aerger zu bereiten. Heute goss z. B. Markus dem Honigmann, während sie Beide an einer Hochzeit theilnahmen, Wein in die Tasche seines Sabbathrockes, morgen schmierte Honigmann dem Markus die Thürklinke mit Honigleim ein, so dass er fast an derselben kleben blieb, als er aus der Taverne zurückkehrte.

Markus sendete dem Honigmann einen polnischen Schnorrer, den dieser für einen Amerikaner ansah, und der Schnorrer bestellte einen Mantel für den Admiral Tom Pouce, der sich gerade in Waardam produzierte.

Honigmann fertigte mit vieler Sorgfalt einen kleinen, niedlichen Mantel für den Zwerg, den er im Theater gesehen hatte, denn der Schnorrer hatte ihm erklärt, dass der Admiral keine Zeit habe sich erst Maass nehmen zu lassen.

Als der Mantel fertig war, erschien der Schnorrer in Gesellschaft eines grossen, dicken Mannes, der mit Mühe durch die Thüre des kleinen Gewölbes eintreten konnte, und sprach: »Hier ist der Admiral!«

Honigmann sah ihn verblüfft an und breitete sein kleines Mäntelchen aus: »Der Herr ist ja ein Riese, und Sie haben bestellt einen Mantel für einen Zwerg.«

»Ja mein Lieber«, sagte der Admiral, »ich bin nur so klein, wenn ich auftrete, ausserhalb des Theaters mach' ich mir's bequem.«

Damit verliessen die Beiden den Laden und liessen den armen Honigmann sprachlos stehen.

Doch Honigmann blieb dem Markus nichts schuldig. Eines Tages begegnete er der kleinen Lise Markus, die um den Arzt lief. Er schickte sie nach Hause und versprach, selbst den Schüler Aeskulaps zu benachrichtigen. Wirklich erschien wenige Zeit hernach ein Freund Honigmann's unter der Maske eines Doktors.

»Was fehlt Ihnen?« fragte er barsch den Markus, den er allein in seinem Laden traf.

»Ach Herr Doktor«, antwortete dieser kläglich, »ich glaube, ich habe mir gestern den Magen verdorben.«

»Gut«, sprach der falsche Arzt, »setzen Sie sich auf diesen Stuhl, mitten in den Laden, schliessen Sie die Augen und zeigen Sie mir die Zunge. Ich werde Ihnen schon sagen, wenn es genug ist.«

Markus that, wie ihm geheissen und wartete so lange auf das Zeichen des Arztes, bis ein lautes Gelächter ihn veranlasste, die Augen zu öffnen. Der Doktor war verschwunden, dagegen war das kleine Gewölbe vollständig von Neugierigen angefüllt, und die Gasse war gleichfalls durch eine gaffende Menge gesperrt.

»Nun gottlob!« rief der Fleischer Schmul, sein Nachbar, »wir haben schon alle geglaubt, dass Sie verrückt geworden sind, Herr Markus.«

Mitten in diesem kriegerischen Zustand der Dinge kehrte eines Tages Honigmann's jüngerer Sohn Baruch zurück, der sich dem Studium der Rechte gewidmet und an verschiedenen Universitäten des Auslandes studirt hatte. Er bereitete sich jetzt zu seinem Examen vor und brachte fast den ganzen Tag zu Hause zu.

Sein Stübchen lag hoch oben unter dem Dache. Jedesmal, wenn er von seinem Corpus juris aufblickte, sah er an dem Fenster gegenüber, hinter Blumentöpfen ein allerliebstes Mädchen, kaum den Kinderschuhen entwachsen, das emsig mit der Nadel arbeitete.

Es war Jessika, die jüngste Tochter des Markus. Sie hatten Beide die Fenster offen, denn es war im Monat August, wo die linde Sommerluft sogar in das Rosengässchen drang und so kam es, dass Jessika verstohlen hinüberblickte, wenn Baruch's feines, etwas bleiches Gesicht über den Lederband gebeugt war, und dass er durch die Blumentöpfe nach ihrem weissen Hals, ihren blonden Zöpfen, ihrem kleinen Näschen spähete, wenn sie sich über den Sammt oder die Seide neigte, die auf ihren Knieen schimmerte.

Jessika hatte eine kleine Freundin, ein reizendes, weisses Kätzchen, Mimi genannt, das auf dem Fensterbrett schlief, wenn sie arbeitete. Eines Abends, im Mondlicht, spazierte sie auf dem Dache herum und, da ihr die beiden Dachrinnen, welche in Gestalt von Drachenköpfen in die Strasse hinaussprangen und sich in die Augen zu blicken schienen, eine Art lustiger Brücke bauten, schlich sie leise herüber und blickte plötzlich in Baruch's Fenster. Dieser verschwendete alle seine Schmeichelworte an sie und nachdem er ihr erst einmal das weisse Fell gestreichelt hatte, war Jessika's Freundin auch die seine geworden. Baruch riss von dem Stock, der auf seinem Fenster stand, eine Rose ab, befestigte sie an Mimi's blauem Halsband, und diese entledigte sich ihrer delikaten Mission in bester Weise.

Am folgenden Morgen sah Baruch seine Rose an Jessika's Brust.

Einige Tage später brachte ihm Mimi in derselben Weise ein Lesezeichen, das Jessika für ihn gestickt hatte.

Das gab ihm Muth, ein paar Zeilen auf ein Rosenpapier zu werfen und sie der kleinen Botin anzuvertrauen. Den folgenden Tag brachte Mimi die liebliche Antwort. So entstand ein unschuldiger und zugleich vertraulicher Briefwechsel und die Kinder der beiden feindlichen Väter lernten sich kennen und lieben, ohne je ein Wort mit einander gewechselt zu haben.

Doch die Blätter begannen zu fallen, es kam die Regenzeit und dem Regen folgte der Schnee, der Winter, die Fenster mussten geschlossen bleiben, und auch die kleine Botin kam nicht mehr.

Doch die Liebe macht erfinderisch. Jessika hauchte die Scheiben an, um durch die Frostblumen Baruch erblicken zu können, und er thaute das Eis mit Hülfe seiner brennenden Studentenpfeife an. An die Stelle des Briefwechsels trat die Zeichen- und die Blumensprache. Der Orient zog in das kleine, holländische Gässchen ein, und mitten im Eise blühten die Rosen von Sharon auf.

Da geschah eines Tages etwas Schreckliches. Honigmann rief dem Markus, neben dem gerade sein Schwager Löwy vier Ellen Sammt abmass, zu: »Wissen Sie, dass Venedig eine jüdische Stadt ist?«

»Sie wissen immer mehr als die anderen«, erwiderte Markus.

»Doch«, sagte Honigmann, »denn sie haben dort einen Markusplatz und zwei geflügelte Löwy's.«

Das war zu viel. Markus stürzte über die Strasse, auf Honigmann los, um ihm eine Ohrfeige zu geben, doch die Frauen warfen sich von beiden Seiten dazwischen und trennten die Todfeinde.

An diesem Abend rief Pinkele, der Spassmacher, aus: »Das ist ja schon das reine Trauerspiel, nächstens wird es Mord und Todschlag geben.«

Markus aber schwor, dass er sich nicht zufrieden geben werde, ehe nicht Honigmann sein Theuerstes verloren habe.

»Was gibst Du mir«, rief in diesem Augenblick Jessika, »wenn ich Dein Wort wahr mache, wenn ich dem Honigmann sein Theuerstes nehme, so dass er sich die Haare rauft?«

»Was Du willst, Jessika, Alles, das Kostbarste.«

»Gut, aber gib es mir schriftlich.«

Markus schrieb, was sie ihm diktirte, und sie steckte die Schrift lächelnd an ihre Brust.

Vierzehn Tage später war Purim, der jüdische Carneval.

Mit Anbruch der Dämmerung strahlte das Viertel der Juden in einem Meere von Glanz. Alle Thüren waren offen. Die jungen Leute durchzogen maskirt die Strassen und traten in die befreundeten Häuser ein, um allerhand Possen zu treiben. Hier und da wurde getanzt. Bei Markus führten sie die Geschichte der Esther auf. Natürlich stellte die reizende Jessika die schöne Königin dar. Die Familie hatte sich zum Nachtessen um den langen Tisch versammelt, als man draussen Lärm und Stimmen hörte.

Hewa, die ältere Schwester Jessika's, deren Vertraute und Bundesgenossin, stürzte herein und meldete, dass Baruch Honigmann an der Thüre sei und durchaus hereindringen wolle.

»Baruch?« rief Esther, »das trifft sich gut. Ich werde ihn bedienen, wie es ihm gebührt.«

Sie eilte hinaus und die Treppe hinab. Bald liess sich ein wildes Brummen vernehmen, und Esther kehrte triumphirend zurück, einen grossen Bären an der Kette führend und einen Karbatsch in der Hand.

»Hier«, rief sie, »Baruch! Ich habe ihn in einen Bären verwandelt.«

Markus zweifelte keinen Augenblick, dass sein Kind die Wahrheit sprach, hatte ihm doch vor Kurzem erst ein polnischer Jude erzählt, dass eine Gans in seinem Orte, als man sie schlachtete, Schma Israel! (Wehe Israel!) gerufen und dass man hierauf grossen Missbrauch in der Gemeinde entdeckt habe. Auch der Talmud erzählte ja ähnliche Fälle.

»Wie hast Du ihn aber verwandelt?« fragte die Mutter starr vor Schrecken.

»Ich habe ihm Wasser in das Gesicht gespritzt«, gab Jessika zur Antwort, »und habe dreimal gerufen: Werde ein Thier! werde ein Bär! durch Jehuel, den Vorsteher der Thiere und dessen Gehilfen Passiel, Gasiel und Chosiel.«

Indess war Hewa mit der Schreckensbotschaft zu Honigmann hinübergelaufen, und dieser stürzte jetzt von seiner ganzen Familie gefolgt in den Speisesaal des Markus. Sie fanden Jessika stolz auf einem Lehnstuhl thronend, ihre Füsse ruhten auf dem Bären, der auf dem Teppich vor ihr ausgestreckt lag und sich in dieser Lage ganz wohl zu fühlen schien.

»O mein Sohn!« schrie Honigmann, »mein unglücklicher Sohn!«

Jessika aber erhob sich, schwang den Karbatsch und liess den Bären tanzen.

»Sehen Sie, Honigmann,« sprach Markus, »das ist das Gericht Gottes.«

»Wenn Sie ihn verzaubert haben, Jessika«, rief Honigmann, »so können Sie ihm auch wieder die Menschengestalt zurückgeben.«

»Gewiss«, sagte sie lächelnd, »aber unter einer Bedingung. Baruch gehört mir, ich gebe ihn nicht mehr her. Mein Vater hat geschworen, dass er sich nicht zufrieden gibt, ehe Sie nicht das Theuerste verloren haben. Dies ist geschehen. Sie haben Baruch verloren. Ich kann jetzt von meinem Vater verlangen, was ich will, ich habe es schriftlich. Ich bin also des Segens meines Vaters sicher und werde Baruch nur dann seine Menschengestalt zurückgeben, wenn auch Sie, Herr Honigmann, uns Ihren Segen geben.«

»Meinetwegen,« sagte dieser.

»Und die Hochzeit wird auf der Stelle gefeiert?«

»Auf der Stelle«, sagten beide Väter.

Jessika berührte Baruch mit der Hand und murmelte eine kabbalistische Formel. Baruch nahm hierauf den Kopf des Bären wie einen Hut ab und grüsste die Anwesenden spöttisch.

»Oh!« schrien Markus und Honigmann zugleich, »man hat uns zum Besten gehabt.«

»Vergessen Sie nicht, dass heute Purim ist«, rief Jessika, »heute ist jeder Scherz erlaubt.«

»Also dies alles war nur ein Scherz?« fragte Honigmann.

»Alles«, antwortete Baruch, »nur unsere Liebe nicht.« Und er zog die reizende Jessika an sein Herz.

Kätzchen Petersil.

– RUMÄNIEN. –

Chochmad Jad. – Industrie. – Judenverfolgung.

Eigentlich hiess sie Fradel Levi und Kätzchen Petersil war nur ihr Spitzname. Sie wurde so genannt, weil sie stets wie ein kleines Kätzchen zusammengerollt schlief, und weil sie stets eine Flasche mit Petersilien-Aufguss hinter dem Fenster stehen hatte. Sie führte mit Hülfe desselben einen erbitterten Krieg gegen die kleinen garstigen Flecken, mit denen ihr hübsches feines Gesicht übersäet war. Es war ein armes, aber braves, kluges und fleissiges Mädchen, das ihrem Vater, dem Trödler Schawa Levi und ihrer Mutter Händel Tag und Nacht kaufen und verkaufen und die alten Sachen aufbessern half.

Dennoch konnte Kätzchen die Sorgen nicht bannen, die sie unablässig quälten und vergebens sehnte sie sich nach dem Tage, wo sie sagen konnte: Heute kann ich ausruhen.

Für Leute, die so unglücklich sind wie die Levi's, gibt es nicht einmal einen Sabbath. Mehr als ein junger Mann in der kleinen moldaischen Stadt sah das kleine, schlanke Kätzchen mit Wohlgefallen an, aber wer konnte daran denken, sie zur Frau zu nehmen? Nur ein reicher Mann und dessen Eltern zogen wiederum eine reiche Braut vor. So hatten denn Vater und Mutter die Hoffnung aufgegeben, die Kleine zu verheirathen.

Kätzchen hatte ihrerseits gar keine Zeit, an einen Mann zu denken, ihr einziger Traum war ein Pelz. Kein kostbarer, wie ihn die schönen Bojarinnen trugen, nein, nur eine Hausjacke mit Kaninchenfellen besetzt und gefüttert. Kätzchen war nervös, wenn sie im Winter in dem kleinen Gewölbe arbeitete, schüttelte sie der Frost, und selbst im Sommer erbebte sie manchmal, als ob sie fröre und so erschien es ihr als die höchste Seligkeit, sich in weiche, warme Felle zu schmiegen.

Als sie wieder eines Abends in dem kleinen, mit allerhand Kram vollgestopften Gewölbchen sass und eine Gardinenstange vergoldete, schlüpfte ein kleines langbärtiges Männchen herein, grüsste sie lächelnd und bot sich an, ihr wahrzusagen. Es war Chas Messing, der die Gabe der Chochmad Jad besass und als Prophet sein bischen Lebensunterhalt verdiente.

Kätzchen dankte. Sie konnte nichts für eine so unnütze Sache ausgeben. Aber Chas gab nicht nach. »Geben Sie mir eine Birkendose«, sagte er, »und ich bin zufrieden.« »Gut.« Sie gab ihm die Dose und er blickte in ihre Hand.

»Glück!« rief er, »und was für ein Glück! Der Reichthum steht Ihnen nahe und was für ein Reichthum! und ein Mann, was für ein Mann.«

Kätzchen lächelte ungläubig, aber keine Woche verging und Barom, ein Schadchen aus Jassy kam zu Schawa Levi, und nachdem er dessen Tochter gesehen und gesprochen, sagte er: »Das Mädchen ist hübsch, klug und brav. So eine Frau will der reiche Paschallas für seinen Sohn haben. Es ist eine grosse Familie, die im ganzen Königreich nicht ihres Gleichen hat, die Braut muss aus dem Stamme Levi sein, und Gott war mir behülflich, dass ich dieses Mädchen gefunden habe, so tadellos und aus so edlem Geschlechte.«

Nach einigen Tagen kam der junge Modruch Paschallas mit Barom zur Brautschau, einen Monat später war die Hochzeit und am folgenden Tage zog Kätzchen als Herrin in das Haus ihres Gatten in Jassy ein.

Sie glaubte zu träumen und fürchtete, dass sie jeden Augenblick erwachen würde, aber nein, sie träumte nicht. Diese Wollust, die sie empfand, als sie das erstemal in den grossen Pelz schlüpfte, den ihr Gatte ihr gebracht, als sie in den weichen Fellen sass, sie empfand sie wirklich und fort und fort, während der Fahrt im Eisenbahnkupee und als sie in Jassy an der Seite

Modruch's durch die Strassen fuhr, es waren wirklich Pferde vor den Wagen gespannt, sie wurden nicht scheu, und die Marmortreppe in dem kleinen Palast stürzte nicht ein, als sie dieselbe hinaufstieg. Nein, sie träumte nicht, das Glück, das Chas Messing ihr prophezeit hatte, es war da, sie konnte es mit Händen greifen, und sie wurde nicht satt, die Damastvorhänge ihres Schlafzimmers durch die Finger gleiten zu lassen, den Sammt der Möbel zu streicheln und vor allem den goldigen Zobel, mit dem ihre rothsammtne Hausjacke gefüttert und ausgeschlagen war.

Das währte einige Zeit. Die Sorgen schienen verbannt für immer, sie schienen vor dem mit Gypsabgüssen antiker Bildwerke und mit exotischen Pflanzen geschmückten Vestibule zurückzuscheuen, aber nach und nach schlichen sie sich durch Mauerritzen und Schlüssellöcher ein.

Kätzchen Petersil sass im Ueberfluss, wie die Frau eines Nabob, sie fröstelte nicht mehr und sie brauchte nur den Finger auf einen der Elfenbeinknöpfe zu legen, die allerorten angebracht waren, und der elektrische Funke trug ihre Befehle durch das Haus, durch die Stadt oder setzte ein Heer von Dienern in Bewegung.

Ihr Gatte war nur der erste ihrer Sklaven. Und sie war auch schön geworden, nachdem sie ihm das erste Kind, einen Knaben, geboren hatte. Ihre schlanke Gestalt blühte immer üppiger auf und sogar die garstigen Flecken schienen verschwunden.

Aber die Sorgen, an die sie ihre Kindheit, ihre Jugend durch gewöhnt war, nisteten sich mehr und mehr bei ihr ein und quälten sie bald noch grausamer und schrecklicher als vordem im Trödelladen ihrer Eltern. Das arme Kätzchen, das einige Tage selig, ein paar Monate glücklich und ein Jahr zufrieden war, hatte wieder keine ruhige Stunde. Eine Art Fieber trieb sie aus einem Raum des Hauses in den anderen, aus dem Hause in die Fabrik, in die Stadt und wieder zurück und quälte sie in Traum und Wachen. Sie erwachte nachts und dachte: »Wenn jetzt Feuer entstände?« Rasch zog sie ihre seidenen Strümpfe, ihre türkischen Pantoffel an, schlüpfte in den Schlafpelz von gelber, goldgestickter Seide, der mit blendendem Hermelin gefüttert und ausgeschlagen war, hüllte ihren zierlichen Kopf in einen rothen persischen Schleier und schlich dann durch die Zimmer, um zu sehen, ob man nicht eine Lampe, eine Kerze auszulöschen vergessen habe, bis in die Küche, wo sie Wasser in die Gluth goss.

Im Theater, während man eine lustige Operette gab, wurde sie von dem Gedanken erfasst: »Wenn mein Mann plötzlich arm würde!« und verliess rasch ihre Loge, um Modruch in seinem Comptoir aufzusuchen und aus seinen Büchern Beruhigung zu schöpfen.

Sie stand mitten in einem Diner, das sie den Freunden ihres Gatten gab, auf und stürzte an die Wiege ihres Kindes, um sich zu überzeugen, dass es nicht gestorben sei.

Modruch begann endlich auch unter dieser Seelenfolter seiner Frau zu leiden. Vergebens stellte er ihr vor, dass dies Einbildungen seien, dass sie sich selbst quäle, dass sie sich und ihrer ganzen Umgebung das Leben schwer mache durch einen krankhaften Wahn, sie antwortete jedesmal nur mit einem traurigen Lächeln. Als er ihr aber einmal ihr Kind brachte und vorwurfsvoll sprach: »Auch dies macht Dich nicht glücklich?« da murmelte sie: »Sei mir nicht böse, es ist ja alles gut, aber das Glück ist zu spät gekommen.«

An einem milden Herbstmorgen ging Kätzchen allein durch die entlaubten Baumgänge ihres Gartens. Die Sonne schien, aber sie zog trotzdem ihre Pelzjacke auf der Brust zusammen und verbarg die kleinen Hände in den weiten Aermeln. Sie fröstelte, und sie fühlte sich namenlos unglücklich, das Weinen war ihr nahe.

Da kam ein grosser Mann durch den Garten gelaufen, Assur Menderson, den sie alle den Riesen nannten. Er war aus Galizien gekommen, und Paschallas zog ihn allen seinen Arbeitern vor, denn Assur war Soldat gewesen, hatte sich bei Jagel die Tapferkeitsmedaille verdient, und war ebenso pflichttreu als intelligent.

»Gnädige Frau«, rief er schon von weitem, »wo ist der Herr? er ist nicht in der Fabrik.«

Kätzchen war zu Tode erschrocken, sie fühlte, dass Assur eine Hiobsnachricht brachte. »Was ist geschehen?« rief sie, bleich bis in die Lippen.

»Es geht los«, sagte Assur ernst, »diese Schurken, die seit langer Zeit gegen uns Juden hetzen, haben es endlich erreicht. Der Pöbel ist in Bewegung. Verschiedene Läden sind schon in der Stadt geplündert worden. Die Polizei sieht zu, ohne einzuschreiten. Sie werden auch zu uns kommen. Es heisst bei Zeiten Massregeln zu treffen.«

In diesem Augenblick kam Modruch, er brachte eine zweite schlimme Nachricht. Die Arbeiter in der Fabrik hatten Erhöhung ihres Lohnes verlangt, und da diese nicht gewährt worden, hatten sie die Arbeit eingestellt.

Kätzchen sah ihren Mann an, und als sie ihn kalt und ruhig fand, war sie mit einem Male ruhig. Sie sagte mit einem Tone, der ihm an ihr ganz neu war: »Du wirst Deine Anstalten in der Fabrik treffen, nicht wahr? Ich nehme das Haus auf mich.« Sie reichte ihm die Hand, die er erstaunt nahm, und ging dann rasch in das Haus. Hier ertheilte sie die nöthigen Befehle, ruhig, klug und umsichtig. Sie brachte zuerst ihr Kind in Sicherheit, dann die Kasse und ihre Juwelen. Zuletzt nahm sie den kleinen Revolver von der Wand herab, lud ihn und liess ihn in die Tasche ihrer Pelzjacke gleiten.

Plötzlich entstand im Hofe Lärm. Eine Bande betrunkener Strolche war eingedrungen und begann die Arbeiter zu haranguiren. Der Anführer der Streikenden, Borescu, rief: »Sie haben Recht, man muss alle Juden vertreiben«, und bewaffnete sich mit einer Eisenstange. Andere folgten seinem Beispiel, und jetzt begannen sie mit wildem Geschrei das Thor der Fabrik, das auf Modruch's Befehl geschlossen worden war, einzurennen.

Andere versuchten in das Haus zu dringen. Doch mit einem Male trat Modruch unter die Wüthenden, und sie wichen vor ihm scheu zurück. Er begann ihnen zuzureden, und seine verständigen Worte schienen eine gute Wirkung zu üben, aber Borescu unterbrach ihn heftig und fasste ihn bei der Brust.

»Das Geld oder das Leben, Jude!« schrie er.

Andere fassten ihn bei den Armen. Er schien verloren.

Da warf sich seine Frau mitten unter die Arbeiter und stiess Borescu zurück. »Was wollt Ihr?« fragte sie und ihre blitzenden Augen schienen jeden durchbohren zu wollen, der ihrem Mann zu nahe kam, »Räuber, Mörder!«

»Euer Geld wollen wir«, erwiderte der Anführer und fasste wieder den Fabriksherrn bei der Brust.

»Zurück!« gebot Kätzchen ein letztes Mal.

»Fort mit ihr!« schrie Borescu, und die Anderen hoben die Eisenstangen.

Doch Kätzchen hatte zugleich den Revolver aus der Tasche gerissen und feuerte ihn auf Borescu ab. Er wankte, liess ihren Mann los und stürzte dann auf das Gesicht vor ihr nieder, wie ein Sklave vor seiner Gebieterin.

Sie stand jetzt vor ihrem Gatten mit flammenden Augen, den Revolver in der Rechten und zeigte den Arbeitern, die erschreckt zurückgewichen waren, die Zähne, wie ein Raubthier, das zum Sprunge bereit ist.

Sie wäre aber trotz ihrem Muthe mit ihrem Manne verloren gewesen, wenn nicht Assur, einen schweren Hammer in der Faust, herbeigeeilt wäre. An ihn wagte sich keiner. Er deckte den Rückzug, und der Fabrikant und seine Frau konnten glücklich das Haus erreichen.

Hier verbarrikadirten sie sich, Modruch, Kätzchen und ein paar jüdische Arbeiter und Diener, besetzten die Fenster und drohten zu schiessen, sobald die Streikenden Miene machen würden, einzudringen. Diese berathschlagten einige Zeit und zogen sich dann zurück, jedoch nur, um die Fabrik an allen Ecken anzuzünden. Bald schlugen die Flammen allerorten auf und ergriffen das Haus, das die rauflustige Menge bewachte.

»Wir müssen uns einen Ausweg suchen,« sagte Modruch, »wenn wir nicht hier im Qualm ersticken wollen.«

Kätzchen nahm ihr Kind auf die Arme, und die jüdischen Männer, alle bewaffnet, umgaben sie. So stiegen sie langsam die Treppe hinab. Der Riese begann die Thüre freizumachen.

Da ertönten Trompeten und der Hufschlag der Pferde. Eine Eskadron Cavallerie kam an und trieb den Pöbel und die streikenden Arbeiter mit der flachen Klinge auseinander.

Modruch machte noch einen Versuch, das Haus zu retten, aber er gab es bald auf und sah finster, die Zähne aufeinandergepresst, sein Hab und Gut in den Flammen enden.

Da legte sich eine kleine Hand auf seine Schulter und eine Stimme voll Liebe und Energie sprach: »Mann! Geliebter! verzweifle nicht. Wir werden das Haus aufbauen und die Fabrik. Ich habe Dich, Du hast Dein Weib und Dein Kind, und was verloren ist, können wir entbehren.«

Und die kleine Frau hielt Wort. Sie hatte mit einem Male ihre ganze Energie, ihre ganze Kraft wiedergewonnen, das Unglück fand sie besonnen und kaltblütig.

Kaum war die Ordnung hergestellt, Leben und Eigenthum der Juden gesichert, so erschien sie schon bei dem Minister, nicht um zu bitten, nein, um anzuklagen und zu verlangen. Sie machte die Regierung für den Schaden, den ihr Mann erlitten, verantwortlich, und sie erlangte die Hülfe, welche sie forderte. Dann eilte sie von Land zu Land, von Stadt zu Stadt, überall, wo ihr Mann Geld zu fordern hatte, erschien sie und bestimmte seine Geschäftsfreunde, früher zu zahlen, als sie verpflichtet waren. Sie ging von Bessarabien nach der Bukowina und Galizien, von hier nach Ungarn und Siebenbürgen.

Als sie zurückkehrte, begann man sofort den Schutt wegzuräumen und auf den Trümmern erhob sich rasch ein neuer Bau. Kätzchen Petersil hatte das Schicksal bezwungen, und zugleich war der Bann gebrochen, der ihre Seele gefangen hielt.

Als der Tannenbaum mit Bändern geschmückt auf dem neuen Dachstuhl aufgepflanzt wurde und der Aelteste der Maurer, in der Hand einen mit Wein gefüllten Becher, von oben den Bauherrn grüsste, der mit den Seinen im Hofe stand, da kamen leise die kleinen Hände der hübschen Frau aus den weichen Aermeln ihrer Pelzjacke hervor und legten sich gleich einer magischen Schlinge um Modruch's Hals.

»Wir haben viel verloren,« sprach sie, die leuchtenden Augen zu ihrem Manne erhoben, »aber ich habe alles gewonnen.«

»Bist Du endlich mit mir zufrieden?« fragte Modruch lächelnd.

»Ach! ich bin so glücklich,« rief sie. »Gott hat mich gestraft, aber seine Hand hat mich geführt, wie einst sein Volk aus Egypten, aus der Sklaverei zur Freiheit, aus der Finsterniss zum Licht.«

Der falsche Thaler.

– SÜDDEUTSCHLAND. –

Das Laubhüttenfest.

Es war um die Mitte September, als Martin Friedlieb nach langer Abwesenheit in seine Heimath, eine grössere Stadt Süddeutschlands, zurückkehrte.

Man sprach denselben Abend in allen israelitischen Familien von ihm und auch bei Sindel, dem reichsten Juden am Platze, der eine bedeutende Spielwaarenfabrik besass.

»Was hat er jetzt davon,« sagte Sindel, »hat sein ganzes Geld verstudirt und verreisst, der Martin, und ist heute gekommen ohne einen Pfennig in der Tasche. Was wird er nun anfangen? Der Gemeinde zur Last fallen.«

»Das hat er wohl nicht nöthig,« erwiderte Frau Leonore Sindel, welche der weibliche Schöngeist der Stadt war, »er hat an den ersten Universitäten studirt, in München, Berlin, Heidelberg, Prag und Wien, er hat Italien, Frankreich und die Niederlande bereist, alle Gallerien gesehen, alle die herrlichen Kunstschätze des Alterthums und der Neuzeit.«

»Was kauft er sich jetzt dafür?« fragte Sindel spöttisch.

»Er ist Kunsthistoriker,« sagte Leonore, »er schreibt jetzt ein Buch und wird dann Professor werden.«

»Das kann doch nichts einbringen.«

»Oh! es gibt Professoren, die zehntausend Mark das Jahr bekommen und mehr.«

»Nun wir werden ja sehen.«

Deborah, die Tochter Sindel's, hatte kein Wort gesagt, sondern stille an der Puppe weiter gearbeitet, die sie anzog, aber alles, was sie gehört hatte, hatte sofort Theilnahme und Interesse für den jungen Gelehrten bei ihr erregt, und als Martin am folgenden Vormittag seinen Besuch machte, trat sie mit klopfendem Herzen in den Salon.

Martin liess von Zeit zu Zeit seinen Blick mit Wohlgefallen an der schlanken Gestalt, dem reinen, jungfräulichen Antlitz Deborah's haften, und sie fand ihn überaus männlich und geistvoll. Als Martin sich erhob, war das geheimnissvolle Band zwischen Beiden geschlungen. Die Mutter fühlte es sofort, und da sie von dem jungen Professor, wie sie Martin nannte, bezaubert war, lud sie ihn zum Essen ein und schlug ihm zugleich vor, da er weder Vater noch Mutter hatte, mit ihnen die Laubhütte zu bauen, denn das Fest war vor der Thüre. Martin nahm dankbar an, und Deborah erröthete, als sie ihm zum Abschied die Hand drückte.

Am nächsten Tage, beim Essen, fand Martin Gelegenheit, Sindel eine gewisse Achtung abzunöthigen. Man sprach vom kommenden Fest, und Martin erklärte in seiner liebenswürdigen, bescheidenen Weise die Bedeutung desselben. Er setzte auseinander, wie es zugleich zum Andenken an den Aufenthalt in der Wüste gefeiert wurde und als eine Art Erntefest, da im gelobten Lande um diese Zeit alle Früchte eingebracht und die Weinlese beendet war. »Sieben Tage sollst Du unter Zelten wohnen, schreibt das Gesetz vor, zur Erinnerung an das Nomadenleben in der Wüste, aber die Früchte, die man in der Laubhütte aufhängt, sind vielmehr Symbole jenes palästinischen Erntefestes.«

Schon drei Tage vor dem Feste begann überall der Bau der Laubhütten, und alle nahmen daran Theil, Alt und Jung, jeder trug sein Scherflein bei. Hinter der Fabrik lag das stattliche Haus Sindel's im altdeutschen Stil und hinter diesem der Garten. Hier, auf einer kleinen Wiese, schlug Martin die vier Pflöcke ein, welche den ganzen Bau tragen sollten. Die Pfeiler wurden durch Latten verbunden, welche eine Art Wand bildeten. Sindel und sein Sohn Zelias verkleideten die Suka von aussen mit Tannenzweigen und Moos, während die Frauen das Innere mit weissem Stoff überzogen. Martin hatte die Herstellung der Decke übernommen. Nachdem er ein Dach aus Holzstäben gefertigt, deckte er es mit Tannenzweigen, aber so, dass kleine Lücken offen blieben, durch welche der Himmel und die Sterne hereinblicken konnten. Als dies geschehen war, trat er in das Innere der Suka ein, um den Aufputz anzubringen, den Eleonore und Deborah vorbereitet hatten. Das reizende Mädchen liess es sich nicht nehmen, ihm dabei zu helfen. Sie reichte ihm die Ketten aus farbigem Papier, die Vogelbeerzweige, deren rothe Früchte freundlich aus dem kräftigen Grün herausblickten, die Birnen, Aepfel, Trauben, die vergoldeten Nüsse, die er an der Decke aufhing, und die kleinen Vögel aus geleerten Eiern mit Schnäbeln und Flügeln aus Goldpapier. Wiederholt berührten sich ihre Hände und jedesmal wurde das hübsche Mädchen roth.

Nachdem auch der Palmenzweig Lulaf und der Zedruch, der Paradiesapfel im grünen Reissig untergebracht waren, wurde in der Mitte der Decke der Mogan Doved, der Schild David's, mit kleinen Nägeln befestigt.

Aus vergoldeten Stäbchen bildete Martin eine Triangel und schlug dann in der Mitte desselben einen Haken ein, an dem die siebenarmige Lampe aufgehängt wurde.

»Nun das Letzte,« sprach Deborah und lachte ihn mit ihren Kinderaugen an.

»Was meinen Sie?« fragte Martin.

Deborah, welche bisher die Hände auf dem Rücken verborgen hatte, hielt ihm plötzlich eine grosse rothe Zwiebel unter die Nase, die mit Hahnenfedern bespickt war.

»Richtig!« rief Martin, »den Zauber gegen alle bösen Geister dürfen wir ja nicht vergessen.«

Sie hingen die Zwiebel an die Thüre auf und nun waren alle Schaïdim und Massekim von der Schwelle der Laubhütte gebannt.

»Sie müssen uns für recht beschränkt halten,« sagte Deborah, »Sie, der Sie die halbe Welt gesehen haben.«

»Glauben Sie nicht, dass man dort, wo die grossen Wogen des Volkslebens branden, aufgeklärter und glücklicher ist. Der Aberglaube ist unsterblich. Er nimmt immer neue Gestalten an, aber er schwindet niemals. Heute ist er ein religiöser Wahn, morgen ein politischer, übermorgen ein wissenschaftlicher, aber ohne Thorheit kann die Menschheit nicht bestehen.«

»Also thöricht sind wir doch!« rief Deborah und machte eine muthwillige Bewegung, so dass ihr dicker, schwarzer Zopf, mit dem sie spielte, Martin auf die Wange traf. Er zuckte zusammen.

»Habe ich Ihnen wehe gethan?« fragte sie.

»Nein, Sie haben nur eine Art Zauberstab geschwungen,« sagte er lächelnd, »und wenn ich jetzt eine grosse rothe Zwiebel vor mein Herz hängen wollte, dürfte es zu spät sein.«

»Sie Schalk!« rief das Mädchen lachend und traf ihn noch einmal mit dem Zopf, diesmal auf die Nase.

Am ersten Halbfeiertage war Sindel zu einer Whistparthie geladen, und Frau Leonore vertiefte sich in einen Roman von Spielhagen, denn es war ein langweiliger Regentag mit einem bleiernen Himmel, grauen Nebelschleiern und rieselnden Bächen in den Strassen.

Doch Deborah wollte ungestört träumen und hatte sich trotz dem schlechten Wetter in der kleinen Laubhütte ganz behaglich eingerichtet. Sie hatte Bretter über das Dach gelegt und einen Teppich vor die Thüre gehängt, die Lampe angezündet, sich einen Sitz aus Kissen gebildet und sass nun da, die kleinen Füsse auf einem Schemel, in einen Shawl gewickelt und hörte die Tropfen klatschen, sah die kleinen Vögel und Nüsse in der bewegten Luft schaukeln und athmete den feuchten Harzgeruch der Tannenzweige.

Sie erschrak ein wenig, als der Teppich zurückgeschlagen wurde und Martin hereinblickte, aber es war ein freudiger Schreck, der ihre jungen Glieder erbeben machte und sie streckte ihm so herzlich die Hände entgegen, dass auch ein minder Gelehrter verstanden hätte, dass er willkommen war und mehr als das.

»Vergeben Sie meine Kühnheit, Deborah,« begann Martin, indem er eintrat, »aber ich wollte aus Regen, Whist und Spielhagen Vortheil ziehen und ein paar Worte allein mit Ihnen sprechen.«

»Sprechen Sie also.«

»Deborah, ich kann nicht schöne Phrasen machen,« fuhr Martin fort, »wozu auch? Wenn Sie mir gut sind, brauche ich sie nicht, und wenn Sie mich nicht wollen, nutzen sie mir nichts. Ich habe Sie lieb, von Herzen lieb.«

»Und ich … ich will keinen anderen Mann als Sie,« erwiderte Deborah rasch. »Mein Vater wird Schwierigkeiten machen, aber ich habe auch meinen Kopf und ich gebe nicht nach, ehe ich nicht …«

»Ehe Sie nicht Frau Professor sind.«

»Ja,« rief sie, »hier meine Hand, sie gehört Ihnen.«

Sie sprachen noch manches zusammen, während der Regen auf das Dach schlug und die Musik des Herbstwindes durch die Tannenzweige zog, und wie sich ihre Herzen gefunden, so fanden sich auch ihre Hände, ihre Lippen.

Deborah hatte sich der Mutter anvertraut, und diese hatte ihre Wahl vollständig gebilligt. Als Martin am folgenden Vormittag erschien, um feierlich zu werben, nahm Leonore lebhaft seine Partei, aber Sindel zog die Augenbrauen zusammen und sagte kurz und trocken:

»Ich habe nichts gegen Sie, Herr Friedlieb, aber womit wollen Sie Ihre Frau ernähren?«

»Ich trage meinen Schatz mit mir,« erwiderte der junge Gelehrte.

»Mag sein, aber so lange kann das Mädchen nicht warten, bis Sie Professor sind,« entgegnete der Fabrikant. »Auch muss ich einen Schwiegersohn haben, der in das Geschäft treten kann, und endlich sind Sie ein Verschwender, das ist das Schlimmste an der ganzen Sache, ich kann mein Kind nicht dem sicheren Elend preisgeben.«

Vergebens entwickelte Leonore ihre ganze Beredsamkeit, vergebens vergoss Deborah Thränen, Sindel blieb fest.

Am folgenden Tage kam Aaron Bierkopf, das Faktotum Sindel's, zu Martin.

»Ich bringe einen Vorschlag zur Güte,« sprach er, mit seinem ganzen dicken rothen Gesichte lachend, »da Sie nun einmal dem Mädchen den Kopf verdreht haben, so müssen Sie ihn wieder zurechtsetzen. Deshalb will Herr Sindel Ihnen zehntausend Mark geben unter der Bedingung, dass Sie auf seine Tochter verzichten.«

»Niemals!«

»Warum niemals? Das Mädchen bekommen Sie doch nicht und zehntausend Mark ist ein schönes Stück Geld.«

»Mag sein. Ich liebe Deborah und verkaufe mein Lebensglück nicht für zehntausend Millionen.«

Bierkopf zog kopfschüttelnd ab.

Martin nahm seinen Hut und ging zu Sindel, er wollte Deborah noch einmal sprechen und dann die Stadt verlassen. Als er die Treppe emporstieg, flog sie ihm entgegen.

»Nehmen Sie doch das Geld an,« sagte sie rasch, »mit dieser Summe werden Sie sich eine Stellung machen und wenn Sie erst Professor sind, wird mein Vater schon einwilligen. Ich heirathe doch keinen Anderen.«

Martin überlegte, dann nickte er mit dem Kopf, führte Deborah's Hand an seine Lippen und kehrte nach Hause zurück, wo er einen kurzen Brief an Sindel schrieb.

Eine Stunde später erschien Bierkopf pustend und brachte ihm, begleitet von mehreren Arbeitern aus der Fabrik, zehn Säcke, von denen jeder tausend Mark enthielt.

Und wieder eine Stunde später klopfte Martin Friedlieb an Sindel's Thüre.

»Was wollen Sie denn noch?« fragte Sindel, »haben Sie Ihre zehntausend Mark nicht bekommen?«

»Nein,« erwiderte Martin und warf einen Thaler auf Sindel's Tisch, der einen dumpfen Klang gab.

»Dieser Thaler ist falsch.«

Sindel nahm den Thaler, musterte ihn mit Hülfe seines Glases, liess ihn auf dem Tische klingen und sagte endlich: »Ja, der Thaler ist falsch.« Dann sah er Martin lange an, ohne ein Wort zu sprechen.

»Herr Sindel, meine Zeit ist kostbar.«

»Meine auch,« sagte der Fabrikant, »damit imponiren Sie mir gar nicht, aber was mich vollständig umgeworfen hat, das ist dieser Thaler. Hören Sie, ein so arger Verschwender sind Sie doch nicht, sonst hätten Sie das Geld ungezählt genommen, und da ich nun einmal keine rothgeweinten Augen sehen mag, so sollen Sie den Thaler haben und das Mädchen dazu.«

»Herr Sindel, Sie sind ein Prachtmensch,« rief Martin.

»Umarmen Sie mich, Herr Schwiegersohn,« sagte Sindel feierlich, »ich gestatte es Ihnen.«

Martin schloss ihn herzlich in seine Arme.

»Sie können mich auch küssen, wenn Sie wollen,« fuhr Sindel fort, »wenn ich auch nicht so hübsch bin, wie die Deborah.«

Zwei Aerzte.

Der Talmud. – Zweierlei Medizin.

Mitten im österreichischen Waldland, nahe der böhmischen Grenze, zwischen mächtigen Forsten, rauschenden Wassern und grünen Bergen, auf denen die Trümmer stolzer Burgen gegen den Himmel ragen, liegt ein freundlicher Ort mit weissgetünchten Häusern und rothen Ziegeldächern.

Hier lebte seit undenklicher Zeit eine kleine, jüdische Gemeinde, die ferne der Strasse, welche der Welthandel nimmt und auf der die Heere ziehen, ihr Wesen und ihre Bräuche ziemlich unverfälscht erhalten hatte.

Das grosse Licht, der Ilau dieser Gemeinde, war Mebus Kohn, der Talmudist. Er war ihr Lehrer, ihr Rathgeber, ihr Orakel und ihr Arzt.

Mebus lebte mit seiner Tochter Perle sehr still und glücklich unter dem Dache des kleinen mit Weinlaub umrankten Hauses, das dem jüdischen Fleischer Berthold Zimmermann gehörte, bis zu dem Tage, wo sich ein junger, jüdischer Arzt, Leopold Pfeffermann, mit seiner Schwester in dem kleinen Waldort niederliess.

Nun war es um seine Ruhe geschehen. Bisher hatten die Juden in diesem stillen Winkel keine andere Arznei gekannt, als den Talmud. Mit Hülfe dieses heiligen Buches heilte Mebus jede Art von Leiden und Gebrechen oder er heilte sie nicht, je nachdem die guten oder bösen Geister die Oberhand gewannen.

Nun machte ihm plötzlich ein Fremder, ein junger Mensch, ein Purez (Geck), seinen wohlerworbenen Ruhm streitig.

Der alte Talmudist hasste diesen Doktor von Anbeginn, ehe er ihn noch gesehen hatte, und seine Abneigung wurde allmählig noch durch das Gebahren der Schwester Pfeffermann's gesteigert. Diese, eine junge, anmuthige, gebildete Dame, zeichnete sich durch eine elegante Toilette und einen freien Geist aus, der alles Gute und Vernünftige im Judenthume mit Feuer vertheidigte, sich aber von allen veralteten Vorurtheilen und Gebräuchen losgemacht hatte. Schon dass sie Bücher las, die nicht in Folio gedruckt und nicht hebräisch waren, genügte, um sie in den Augen des Talmudisten zu einer Ketzerin zu machen. Nun kam noch dazu, dass der Doktor einen Todtenkopf auf seinem Schreibtisch und ein menschliches Geripppe in einem Winkel seines Studirzimmers stehen hatte.

Dies war geradezu eine Verletzung des Gesetzes nach der Ansicht des Talmudisten.

Doch sein frommer Eifer half ihm wenig. Der Doktor machte einige glückliche Kuren, und seine Schwester scheute keine Mühe, keine Gefahr, wo es zu helfen, zu retten galt. Sie ging in die Hütten der Armen, um in einer verpesteten Luft die Kranken zu pflegen, den Dürftigen die nöthige Nahrung zu bringen und mehr und mehr blieben die Patienten bei Mebus aus und erholten sich Raths bei dem jungen, gelehrten Doktor, der vielleicht nicht koscher ass, aber ein echtes, jüdisches Herz besass.

Kam ein Kranker zu Mebus, so fragte er ihn aus, ob er vielleicht beim Abschneiden der Fingernägel einen Fehler begangen habe, ob er nicht Speisen gegessen habe, die verboten seien, ob er nicht eine Ruine betreten habe, in der die Massikim hausen, und dergleichen mehr. Dann schlug er den Talmud auf, sprach Gebete, legte dem Patienten die Hände auf und im besten Falle gab er ihm einen Abguss von Kräutern, die er selbst im Walde gesucht hatte.

Der Doktor dagegen sah dem Kranken, der über Halsweh klagte, in den Hals, klopfte und horchte demjenigen, der sich über Schmerzen in der Brust beklagte, die Brust ab, fühlte den Puls, verschrieb eine Arznei und ordnete eine entsprechende Diät an.

Das war schon ganz anders und nun gar die Elektrisirmaschine, die er manchmal anwendete, die verschiedenen Instrumente, deren er sich bediente. Alle diese Geheimnisse seiner Kunst wirkten auf die abergläubische Bevölkerung noch kräftiger als die Kabbalisten-Formeln des alten Mebus.

So sah sich denn dieser eines Tages vollständig entthront und dachte bereits daran, die Gegend zu verlassen, als ihm, wie er glaubte, Gott Hülfe sendete und ihm plötzlich bei seinem Hausherrn, dem Fleischer, eine wahre Wunderkur gelang.

Der junge Doktor wollte der Sache auf den Grund kommen und begab sich ohne weiteres zu Mebus, der ihn mit einem grimmigen Blick empfing, während die reizende Perle, die Hand auf den alten Lehnstuhl ihres Vaters gestützt, die Augen zu Boden gesenkt, ein Bild der Unschuld und Anmuth, dastand.

»Erklären Sie mir, Herr Mebus Kohn,« begann Pfeffermann, »wie Sie diesen Zimmermann behandelt haben. Da Sie doch nicht Medizin studirt haben, so setzt mich Ihr Erfolg in Erstaunen, und da ich jede Erscheinung zu verstehen suche, bitte ich, mir Ihre Methode zu erläutern.«

»Glauben Sie denn,« erwiderte Mebus, »dass man Leichen zerschneiden muss, um den menschlichen Körper kennen zu lernen? Ich kenne ihn besser als Sie und habe niemals sezirt. Und dann — wer sagt Ihnen, dass man jede Krankheit heilen soll? Wenn Gott eine Krankheit sendet, darf man zu ihm beten, um den Tod abzuwenden, nicht aber gegen den Willen des Schöpfers Krieg führen.«

»Ich bitte, Herr Kohn, ich möchte Ihre Methode kennen lernen,« sagte der Doktor ruhig, »das hat mich zu Ihnen geführt.«

»Meine Methode?« murmelte Mebus und zog die Augenbrauen zusammen, »Sie werden sie doch niemals verstehen, Sie haben nicht den Geist dazu, Ihnen fehlt die wahre Gottesfurcht. Um einen Kranken zu heilen, darf man sein Leiden nicht von der körperlichen Seite betrachten, man muss seinen geistigen Zustand kennen. Der Traktat Makoth sagt uns, dass es im Menschen 248 Glieder und 365 Adern gibt. Dagegen findet man in der Thora 248 Gebote und 365 Verbote. Begeht der Mensch eine Sünde, sei es, indem er ein Gebot nicht befolgt oder ein Verbot überschreitet, so erkrankt das Glied oder die Ader, die mit diesem Gebot oder Verbot in Zusammenhang steht.«

Pfeffermann sah den Alten erstaunt an, er meinte, wie Faust in der Hexenküche, einen Chor von hunderttausend Narren sprechen zu hören.

»Je mehr der Mensch sündigt,« fuhr der Talmudist fort, »umsomehr wird sein Körper zerstört, und wenn er nicht endlich Busse thut, kann ihn kein Arzt retten. Eine genügende Busse ist allein im Stande, den Tod abzuwenden, denn Gott hat uns durch den Mund des Propheten Ezehiel gesagt: Ich begehre nicht den Tod des Sünders, sondern dass er Busse thue.«

»Und Sie haben auch Zimmermann in der Weise geheilt?« fragte der Arzt immer verwunderter.

Mebus nickte. »Er hat mir seine Sünden gebeichtet«, sprach er, »und Busse gelobt. Ich betete zu Gott und verbürgte mich für die Busse des Zimmermann, und Sie sehen, er wurde gesund.«

Aber dem Tage des Triumphes folgte ein Tag der Niederlage für den armen Mebus Kohn.

Seine geliebte Perle erkrankte und diesmal half weder das Gelöbniss der Busse, noch das Gebet, noch der Talmud. Das liebliche Kind welkte dahin, und Mebus war der Verzweiflung nahe, als er sich endlich entschloss, den Arzt zu berufen.

Er kam vollständig gebrochen zu Pfeffermann, wie ein besiegter König des Orients, der seinem Gegner den Nacken darbietet, damit er den Fuss auf ihn setzen kann.

Doch Pfeffermann zeigte sich edel. Er verrieth mit keiner Miene die Genugthuung, die er empfand, er begab sich, ohne viele Worte zu verlieren, zu der Kranken, untersuchte sie gewissenhaft, verordnete was nöthig war und sendete dann seine Schwester, welche mit allem Eifer und aller Liebe die Pflege übernahm.

Der junge Arzt kam täglich zweimal und manchmal brachte er sogar die Nacht bei der Kranken zu. Wenn er dann an dem bescheidenen Bett sass, in dem das Mädchen, die Wangen von der Fiebergluth geröthet, fast theilnahmslos lag, wenn er mit einer Unruhe, die ihm sonst fremd war, die Körperwärme mit dem Thermometer mass, wenn er bei jedem Symptom, das ihm ungünstig schien, fühlte, wie sich sein Herz zusammenzog, da sagte er sich wohl, dass er hier, auch um seinetwillen um ein Leben ringe, das ihm lieb, das ihm theuer war, und dann, als der schwere Sieg errungen war, als allmählig das Bewusstsein, die Kräfte wiederkehrten, welche innige, namenlose Freude empfand er, wenn er eintrat, wenn die schwarzen Augen Perle's ihn schon von Weitem grüssten.

Schon konnte das liebliche Mädchen die Stube verlassen und im Gärtchen in der sonnigen Laube sitzen, und der Doktor kam noch immer.

»Ich kann mir nicht vorstellen«, sagte Perle eines Tages mit einem holden Lächeln, »dass Sie nicht mehr kommen sollten. Ich möchte —«, sie hielt inne und blickte zu Boden.

»Was möchten Sie, einzige Perle?«

»Ich möchte immer krank sein, damit Sie immer kommen.«

Der junge Arzt nahm sie bei den Händen und sah sie treuherzig an.

»Nein, Perle, krank dürfen Sie mir nicht mehr werden, ich habe zu viel Angst um Sie ausgestanden, aber wenn Sie mich ein wenig lieb haben, ich bete Sie an, ich kenne nur noch ein Glück auf Erden, Sie als Hausfrau in mein Heim einzuführen.«

»Wäre das möglich!« Perle presste die Hand an das Herz und begann am ganzen Leibe zu beben.

»Wollen Sie, Perle?«

»Und ob ich will!«

»Aber Ihr Vater?«

»Er wird sich schon bekehren lassen.«

Eines Tages hatte der Förster einen Hund erschossen, der herrenlos im Walde herumlief und das Wild aufstörte. Pfeffermann bemächtigte sich des Kadavers und liess ihn zu Mebus schaffen.

Als der Talmudist, ein Bündel Kräuter in der Hand, aus dem Walde heimkehrte, fand er den jungen Arzt mit Perle in der Laube. Pfeffermann sezirte den todten Hund und erklärte dem mit einer Art Andacht lauschenden Mädchen den Bau des thierischen Organismus.

Mebus that erst, als bemerke er es nicht, dann sah er von Weitem hin, allmählig näherte er sich auf den Fussspitzen und schliesslich stand er sprachlos vor dem offenen Körper, und es war ihm, als habe der junge Arzt eine geheimnissvolle Pforte vor ihm aufgethan, durch die er in die Werkstatt Gottes blicken konnte.

»Welches Wunder!« rief er plötzlich, die Hände zum Himmel erhebend. »Das Wort des Propheten Joel ist wahr geworden: Einst werde ich meinen Geist über alles Fleisch ergiessen und Eure Söhne und Töchter werden weissagen. – Meine Hand, Herr Pfeffermann, ich werde mir auch nicht mehr anmassen, einen Menschen heilen zu wollen.«

»Doch, Herr Kohn«, sagte der Arzt, »aber wir wollen theilen, ich nehme die Leiber auf mich und Sie die Seelen. Sie sehen, ich gebe Ihnen den besseren Theil, denn es gibt auch kranke Seelen, und für diese sind Schrift und Talmud eine oft erprobte Medizin.«

»Sie haben recht. Wir wollen Freunde sein und bleiben, Herr Pfeffermann.«

»Das ist mir zu wenig, Herr Mebus Kohn«, rief der junge Arzt.

»Ja, was wollen Sie denn noch?«

»Ihre Tochter, Herr Kohn.«

»Perle?«

Das liebe Mädchen sah ihn verschämt an und nickte mit dem Kopfe.

»Ihr liebt Euch?«

»Ja, mein Vater.«

»Und der Herr Doktor ist nicht zu stolz, die Tochter des armen Kohn zum Weibe zu nehmen?«

»Herr Kohn, Sie beschämen mich.«

»Nein, nein, ich bin stolz auf solch einen Schwiegersohn,« rief Mebus, »sagt doch schon Salomon: Wenn mein Sohn weise ist, so freut sich mein Herz.«

Die Iliade von Pultoff.

Der Zadik. – Theologischer Streit. – Hairem. – Ein Wunder.

Bendavid Kaftan und Mordahil Grünspan waren Nachbarn. Beide waren Kaufleute und verkehrten in Freundschaft zusammen, ebenso wie ihre Frauen, Vögele und Veigele.

Da aber nichts in der Welt Bestand hat, so kam eines Tages ein Ereigniss, das sie veruneinigte und verfeindete.

Bendavid und Mordahil reisten zusammen zu der grossen Messe nach Novgorod. Bendavid dachte im Sinne des Talmud: »Wer sein Weib liebt wie sich selbst, und sie noch mehr ehrt als sich selbst, dessen Zelt ist der Friede.«

Beim Abschied gab er Vögele eine grosse Summe Geldes und bat sie, sich während seiner Abwesenheit nichts abgehen zu lassen, ja sich alles zu gestatten, wonach ihr Herz begehren würde. Mordahil folgte seinem Beispiel und gab Veigele eine gleiche Summe.

Als nun die beiden Männer von Novgorod heimkehrten, da empfing Veigele ihren Gatten mit einem grossen Sack voll Geldes in der Hand. Sie hatte gespart und glaubte Mordahil eine grosse Freude zu bereiten, aber dieser sah ihre bleichen Wangen, er sah, dass sie mager geworden war, dass sie schlecht und unsauber angezogen war und verbarg mit Mühe seinen Aerger.

Dagegen hatte Vögele keinen Rubel erspart, aber sie stand auf der Schwelle ihres Hauses, schön wie ein Leben, ein Häubchen mit rothen Bändern auf dem schwarzen Haar, Hals und Arme mit Juwelen bedeckt, die mit ihren schönen Augen um die Wette funkelten, den üppigen Leib in eine prächtige Pelzjacke geschmiegt. Und schöner als alles war ihr Lächeln.

Ihr Mann war glücklich, sie so zu sehen, er zog sie an sein Herz und fragte wenig darnach, ob sie etwas gespart habe oder nicht. Wusste er doch, dass sie sich für ihn gepflegt, für ihn geschmückt hatte. »Endlos ist die Bosheit des bösen, endlos die Güte des guten Weibes«, rief er, den Midrasch zitirend, während Mordahil seine Frau kaum eines Blickes würdigte.

Veigele setzte sich in einen Winkel und weinte, während Vögele die Hände auf die Schultern ihres Mannes legte und ihn schalkhaft anlächelte.

»Was hast Du?« fragte Bendavid.

»Weisst Du, welchen Rath der Talmud der Frau ertheilt?« sagte sie.

»Nun?«

»Er lässt die Mutter zu ihr sprechen: Meine Tochter, stehe vor dem Gatten wie vor einem Könige und diene ihm, indem Du ihm dienst, machst Du ihn zu Deinem Sklaven und wirst seine Herrin.«

»Und Du meinst, dass ich schon ganz und gar Dein Sklave bin?« rief Bendavid lachend.

Vögele nickte und schloss ihm den Mund mit ihren duftigen Lippen.

Sie verstand es aber nicht nur, ihren schönen Leib für ihren Gatten zu schmücken, sondern auch ihren Geist. Sie las viel und da Bendavid wenig Zeit hatte, sich mit Büchern zu beschäftigen, so erzählte sie ihm, wenn sie abends bei dem warmen Ofen sassen, oder im Sommer auf der Bank vor dem Hause, alles, was sie Schönes oder Merkwürdiges in ihren Büchern gefunden hatte, sie erzählte ihm Romane, wie man einem Kinde Märchen erzählt, und sie belehrte ihn zugleich über die Wunder des Sternenhimmels, über Thiere, Pflanzen und Steine, über die Entstehung des Erdballs, über fremde Länder und Völker und ihre Schicksale im Buch der Geschichte.

So kam es, dass Bendavid nach und nach eine Art Freigeist wurde, während Mordahil die Befriedigung, die er daheim nicht fand, ausser dem Hause suchend, in die Hände der Chassidim gerieth und ein Zelot wurde.

Die ganze Stadt stand unter der Herrschaft, ja unter der Tyrannei des Zadik, des Frommen und Gerechten, den die Chassidim als ihr Oberhaupt abgöttisch verehrten. Der Rabbiner Mayer Gorwitz, ein gelehrter Mann von tadellosem Charakter, war diesem Papst der jüdischen Ketzer gegenüber machtlos und war zufrieden, dass er noch eine kleine Gemeinde verständiger Menschen um sich versammelt sah, die den wahren Glauben festhielten und vertheidigten.

Veigele, welche mehr und mehr von einem hässlichen Neid, einer verzehrenden Eifersucht gegen Vögele erfasst wurde, hetzte ihren Mann gegen sie, und Mordahil wieder hetzte den Zadik auf.

Eines Abends, als der Mächtige in seinem Empfangszimmer auf dem Divan sass, von seinen Getreuen und Scholaren umgeben, die bewundernd an seinen Lippen hingen, bemerkte Mordahil, dass dem Zadik die lange, türkische Pfeife ausgegangen war. Er stopfte sie, reichte sie ihm, zündete sie an und flüsterte ihm zugleich in das Ohr: »Vögele Kaftan lässt sich das Haar wachsen, Rabbi, nun wird sie wohl Dein Blitzstrahl treffen!«

Der Zadik, Lewi Jaffa Löwenstamm, verzog keine Miene. Er war in seinem Kaftan von dunkelrothem Atlas, der mit Zobelpelz besetzt und gefüttert war, das rothe, seidene Käppchen auf dem schwarzen Haar, auf den weichen Kissen ruhend, vollkommen das Bild des heiligen Mannes, welcher nach Ansicht der Chassidim der Ruhesitz der Schechinach, der personifizirten Gottheit ist. Aber er glich auch einem Sultan, von Sklaven umgeben und bedient.

Mit kaum fünfzig Jahren übte er eine Macht aus, welche andere erst im hohen Alter erreicht hatten, und man begriff diese Macht, sobald man seine gedrungene, kräftige Gestalt sah, sein ausdrucksvolles, schönes Gesicht und seinen gebietenden Blick, der Jeden erzittern machte, auf den er sich zürnend oder strafend richtete.

»Sie liest auch profane Bücher,« fuhr Mordahil fort.

»Für den Sünder gibt es nur ein einziges Mittel, sich mit Gott auszusöhnen«, sprach der Lieblingsschüler des Zadik, Ruben Nesselblatt, »dieses Mittel ist zu Folge dem Sophar Hamidoth (ein Werk des Bescht, des Stifters der Sekte der Chassidim), wenn er sich stets befleissigt, das Einkommen des Zadik zu vermehren.«

Der Zadik nickte zustimmend.

Schames Mäckler, der Dorfgeher, ging aber noch denselben Abend zu Bendavid und rieth diesem, Gott und den Zadik durch ein Geschenk zu versöhnen.

Als das Geschenk auf sich warten liess, kam wieder Schames Mäckler zu Vögele und drohte ihr und ihrem Manne mit dem grossen Bann.

Vögele begab sich sofort zum Rabbiner.

»Kehren Sie sich nicht an diese Drohungen«, sagte dieser, »ich werde Sie beschützen, falls es nöthig sein sollte.«

Die schöne Frau kehrte beruhigt nach Hause zurück, und da der Zadik ihr den Krieg erklärt hatte, beschloss sie ihrerseits die Offensive zu ergreifen.

Es ergab sich sofort eine köstliche Gelegenheit.

Der strenge Winter hatte die Wölfe bis in die Nähe der Stadt getrieben. Als Schames Mäckler eines Tages über Land gehen sollte, hatte er Angst und bat den Zadik um seinen Beistand.

»Du hast doch einen Stock«, sprach Lewi Jaffa, »wenn Gott will, kann auch der Stock losgehen, und wenn er nicht will, wird Dir auch die Pistole versagen.«

Mäckler trat beruhigt seine Wanderung an und als er im Walde einen grossen Wolf auf sich zukommen sah, zielte er mit dem Stocke nach ihm. Da fiel ein Schuss und das Raubthier sank in den Schnee.

Erschreckt gab Mäckler Fersengeld, als er sich aber wieder gefasst hatte, rief er: »So lange habe ich diesen Stock und wusste nicht, dass er geladen ist.«

Die Schüler des Zadik aber priesen dessen Macht und seinen Einfluss im himmlischen Reiche. Mitten in dem allgemeinen Jubel aber erschien Vögele und verlangte Lewi Jaffa zu sprechen. Die Thürhüter wollten sie nicht einlassen, aber Ruben rief: »Das blose Ansehen des Zadik verscheucht die Laster (Sophar Hamidoth § 14), sie soll eintreten.«

Vögele überschritt also die Schwelle, vor der die Dämonen zurückschrecken und stand jetzt in ihrem weissen, goldgestickten Scharafan und ihrer Pelzjacke vor dem Zadik.

»Was willst Du?« fragte dieser, das schöne Weib mit Wohlgefallen musternd.

»Dir erklären, dass Du entweder ein Narr oder ein Betrüger bist«, rief Vögele.

Ein wilder Tumult entstand unter den Chassidim, welche Miene machten, die Ketzerin zu zerreissen. Doch Vögele kannte keine Furcht.

»Du behauptest, dass Schames Mäckler von Dir unterstützt einen Wolf mit seinem Stocke erschossen hat. Das ist eine Lüge.«

»Sie ist vom Teufel besessen«, sagte der Zadik.

In diesem Augenblick trat der Förster ein, welcher an der Thür gewartet hatte.

»Ich habe den Wolf erschossen«, sprach er.

Doch nichts vermag den Geist eines Zadik zu verwirren.

»Ich weiss es«, sprach Lewi Jaffa, »aber ich habe Dich gesendet.«

Der Förster zuckte die Achseln.

»Du machst die Worte des Rabbi Bechai wahr«, fuhr der Zadik zu Vögele gewendet fort, »dass mit dem Weibe der Satan zur Welt gekommen ist.«

»Beweise es mir.«

»Es ist bewiesen«, gab Lewi Jaffa zur Antwort. »Bis zur Schöpfung des Weibes kommt in der Schrift der Buchstabe Sameih – der Anfangsbuchstabe des Wortes Satan – nicht vor, aber sofort nach der Schöpfung des Weibes heisst es: Er schloss das Fleisch, und da kommt der Buchstabe Sameih das erste Mal vor.«

»Dein Rabbi Bechai ist ein Tropf«, rief Vögele, »und Jene, die den Zadik die Krone des Weltalls nennen, sind gleichfalls Tröpfe. Die Krone der Schöpfung ist das Weib.«

»Beweise es mir.«

»An jedem Tage hat Gott etwas Besseres, Vollkommeneres geschaffen«, sprach Vögele, »und am letzten Tage den Menschen als den Herrn der Erde. Ist das wahr?«

»Ja.«

»Also. Und da er zuletzt nach dem Manne das Weib erschaffen hat, so ist das Weib sein vollkommenstes Geschöpf, sie ist die Herrin des Mannes.«

»Ich sehe, Du bist klüger als ich dachte«, erwiderte der Zadik, »und so will ich mir die Mühe nicht verdriessen lassen, Dich zu bekehren.«

»Sieh' zu, dass ich Dich nicht bekehre«, rief Vögele, indem sie den weissen Arm auf die mit Sammt und Pelz bedeckte üppige Hüfte stemmte, »wo hat jemals ein Mann eine Frau bekehrt? Der Talmud erzählt uns, dass sich eines Tages ein edles Ehepaar aus unbekannten Gründen getrennt und Jedes wieder sich verheirathet hat, wobei Mann und Frau leider eine gleich unglückliche Wahl trafen. Was geschah nun? Die edle Frau verwandelte ihren zweiten schlechten Mann in kurzer Zeit in einen vorzüglichen Menschen, während der edle Mann durch seine zweite lasterhafte Frau ebenso rasch zum Bösewicht wurde. Du siehst also, dass das Weib aus dem Manne macht, was es nur will, und wenn ich nur wollte, würde ich aus Dir, die Krone des Weltalls, meinen Diener, meinen Knecht, meinen Sklaven machen.«

Mit diesen Worten verliess Vögele stolz das Haus des Zadik und liess die Chassidim sprachlos und versteinert zurück. Ruben sah das Unheil, welches sie angerichtet hatte, und um der Verwirrung der Geister ein Ende zu machen, stimmte er das mystische Lied Rabbi Luria's an:

Die Kinder des Palastes, welche sich scheuen,Den Sair Anphin (Mikrokosmus) anzusehen,Mögen hier erscheinen, wo der König in seinem Bilde gegenwärtig ist.

Nicht lange nach dem ersten Triumph Vögele's bereitete ihr der Zufall einen zweiten, noch glorreicheren.

In einer stürmischen Frühlingsnacht brach in dem Judenviertel Feuer aus und griff rasch um sich, da die Gemeinde keinerlei Löschanstalten, ja nicht einmal eine Spritze besass.

Man hatte allerdings eine Feuerwehr errichtet, aber diese erschien dem Zadik als ein Eingriff in die göttliche Macht und seine Rechte und wurde auf seinen Befehl wieder aufgelöst.

Als nun die Flammen das ganze Judenviertel zu verschlingen drohten, trat Vögele unter die Verzweifelten, welche den Marktplatz füllten und rief: »Seht Ihr jetzt, wie weit die Macht des Zadik reicht und was sein Einfluss bei Gott werth ist? Der Zadik hat Euch gesagt, dass Eure Löschanstalten Gott herausfordern. Er hat die Stadt gesegnet und hat erklärt, dass er einen Vertrag mit Gott abgeschlossen habe, dem zu Folge jährlich nur ein Dach vom Feuer verzehrt werden dürfte. Und jetzt sind es schon elf Häuser, welche brennen und wenn uns nicht die Christen retten, wird unser ganzer Stadttheil in dieser Nacht ein Raub der Flammen.«

»Sie hat recht,« rief Tait Feintuch und Wohl Krakow und viele Andere stimmten bei.

Zum Glück erschien jetzt die christliche Feuerwehr und rettete, was noch zu retten war.

Das Ansehen Lewi Jaffa's hatte aber einen neuen Stoss bekommen, und der Zadik sah sich das Scepter der Allmacht mehr und mehr durch die schwache Hand eines Weibes entwunden.

Am dritten Morgen nach dem Brande fand Vögele vor ihrer Thür das Wort »Hairem« geschrieben. Es war der grosse Bann des Zadik. Sie nahm ruhig einen Küchenlappen, wischte das schreckliche Wort aus und ging ihren Geschäften nach, als wenn nichts geschehen wäre.

Es war ein schöner sonniger Tag. Die Bäume blühten, die Felder grünten und die Vögel sangen in den Hainen.

Der Zadik ging hinaus mit seinen Schülern, um ihnen, wie er es liebte, unter freiem Himmel einen Vortrag zu halten.

Kaum sass er unter einer Linde, die ihren Duft in die milde Maienluft strömte, kaum hatten sich seine Schüler um ihn gelagert, da kam eine Frau durch die Felder geschritten.

Es war Vögele.

Als sie vor dem Zadik stehen blieb, in ihrer blausammtenen mit silbergrauem Pelzwerk ausgeschlagenen Jacke, das schwarze Haar mit einem gelbseidenen Tuche umwunden, schien sie eine prächtige Blume mehr, die der Lenz der Erde entlockt hatte.

»Wer hat das Hairem an meine Thür geschrieben?« fragte sie herausfordernd.

»Ich habe es angeordnet«, gab der Zadik zur Antwort.

»Welche Macht massest Du Dir an?« rief Vögele, »bist Du ein Rabbi? Und nicht einmal ein Rabbiner kann den Bann aussprechen, nur der Beschdin hat das Recht dazu.«

»Ich frage wenig nach dem Beschdin«, sagte Lewi Jaffa.

»Der Zadik ist die Krone, die Zierde und das Licht des Weltalls«, rief sein treuer Schüler Ruben.

»Wenn Du dies wirklich bist«, fuhr Vögele fort, »so zeige jetzt Deine Macht, zermalme mich, lass ein Wunder geschehen.«

Allmählig hatte sich eine neugierig lauschende Menge um Vögele und den Zadik versammelt. »Ja, gib uns ein Wunder!« riefen mehrere Stimmen.

»Dieses Weib verstumme auf der Stelle!« rief Lewi Jaffa in dem Ton eines strafenden Richters.

Doch Vögele verstummte nicht. »Ich habe es Dir schon einmal gesagt«, rief sie, »Du bist ein Narr oder ein Betrüger.«

»Die Erde soll sich aufthun und Dich verschlingen!« rief der Zadik immer aufgebrachter.

Aber die Erde verschlang Vögele nicht und jetzt wirkte diese ein Wunder.

»Du bist gerichtet«, sprach sie lachend, »Gott hat Dich vor mir niedergeworfen, komm hierher zu mir, damit ich den Fuss auf Deinen Nacken setzen kann, denn Du bist vom Saamen der Schlange.«

Wüthend sprang der Zadik auf und schritt auf sie zu, um ihr seinen Fluch in das Gesicht zu schleudern, aber sein böser Engel wollte, dass er über einen Feldstein stolperte und der Länge nach zu den Füssen der schönen Frau hinstürzte.

Mit einem lauten, grausamen Lachen setzte Vögele rasch den kleinen Fuss auf den Nacken des besiegten Feindes und stand jetzt über ihm, schön und triumphirend, wie ein Racheengel.

»Gott ist mit ihr!« rief die Menge.

Einige Fanatiker sanken vor Vögele auf die Kniee, andere rissen grüne Reiser ab und schwangen sie um ihr Haupt, gleich Palmenzweigen.

Als sie endlich den Fuss zurückzog, erhob sich Lewi Jaffa, bleich und vernichtet und wankte der Stadt zu, ein geschlagener Feldherr ohne Armee.

Die Geschichte von der römischen Matrone.

Hanuka.

Während der Wind im Kamin sang und die Schneeflocken an die Scheiben pochten, sass in einem eleganten Boudoir eine junge, hübsche Frau, den Kopf mit den bleichen Wangen und den grossen dunklen Augen auf beide Hände gestützt und schien in die weite Ferne zu blicken.

Und es lag auch im Nebel hinter ihr, was sie sah, gleich einem Traum, gleich einem Märchen.

Karola hatte geliebt, als sie fast noch ein Kind war. Ein junger Arzt kam in das Haus ihres Vaters, des Bankiers Rubenborg. Siegfried Förenskjöld war in der reichen, jüdischen Gesellschaft von Stockholm gut aufgenommen, obwohl er kein Vermögen besass, weil Jeder in ihm den ehrlichen Mann, den begabten Gelehrten schätzte.

Rubenborg selbst pflegte zu sagen: »Siegfried wird seinen Weg machen«, als er aber eines Tages entdeckte, dass Karola dem jungen Arzt ihr Herz geschenkt hatte, beeilte er sich doch, sie mit dem Schiffsherrn Skandorff zu verheirathen.

Karola widerstand einige Zeit, aber ihr eitles Herz liess sich endlich von dem Glanze blenden, der ihr an der Seite Skandorff's winkte, und sie zeigte selbst in einem Briefe, der in seiner falschen Sentimentalität noch um vieles grausamer war, Förenskjöld ihre Verlobung an. Dieser gab ihr keine Antwort, sondern verliess einige Tage später die schwedische Hauptstadt, um sich einer Expedition anzuschliessen, die nach dem nördlichen Polarmeer segelte.

Seither war er verschollen.

Karola hatte indess das Leben der Residenz in vollen Zügen genossen, man hatte sie bewundert, gefeiert, angebetet, bis sie endlich nichts mehr zu erreichen hatte, bis ihre Eitelkeit übersättigt war und der Eckel kam.

Dann starb ihr Mann, und sie zog sich plötzlich aus den Kreisen, in denen sie als Königin, als Despotin geherrscht hatte, zurück. Den Jahren des Taumels war eine Zeit der Sammlung, der Entsagung, der Wehmuth gefolgt. Karola fühlte sich einsam, unbefriedigt, und mehr und mehr stieg Siegfried's Bild aus dem Nebel der Erinnerung empor, und der Verrathene, für immer Verschollene wurde von Neuem ihr Idol.

Was war dieses Leben ohne Gatten, ohne Kinder, ohne Freunde, ohne Liebe, fragte sie sich an jenem Abend wieder und immer wieder. Sie hatte das Glück frevelhaft von sich gestossen, um einem Phantom zu folgen.

Ja, wenn Förenskjöld noch lebte! aber sie empörte sich gegen den Gedanken, jetzt, wo sie keine Illusionen hatte, einem Anderen zu gehören.

Sie zog es vor, um ihn zu trauern, wie um einen Todten, allein mit ihrer Reue und ihrer Sehnsucht.

Und nun sollte sie hinaus in die frostige Dezembernacht, in das glänzende Haus ihrer Eltern.

Es war der erste Abend der Hanuka, sie durfte nicht fehlen.

Seufzend erhob sie sich, um Toilette zu machen. »Ganz Israel wird heute die Hanukalichter anzünden«, murmelte sie, »aber in Deiner Seele ist das Licht erloschen für immer.«

———————

»Heute will ich kein trauriges Gesicht sehen«, sprach Rubenborg, als Karola eintrat, »heute muss alles heiter sein. Uebrigens bekommen wir einen interessanten Gast, der Dich zerstreuen wird.«

Karola zuckte verächtlich die Achseln.

Alle Räume des väterlichen Hauses waren glänzend geschmückt und erleuchtet. Feierte man doch den grossen Tag, wo Judas Makkabäus nach seinem Siege über die Syrer den Tempel gereinigt und beim Klang der Instrumente und Sang der Leviten die heiligen Lampen wieder angezündet hatte.

Auf dem Kamin stand die alte, siebenarmige Lampe aus getriebenem Silber mit herrlichen Figuren, biblische Scenen darstellend. Acht Lichter waren auf diesem Familienkleinod aufgesteckt, denn das Fest währt acht Tage, und jeden Tag wird eine Kerze mehr angezündet.

Rubenborg, von seiner ganzen Familie umgeben, näherte sich jetzt der Lampe, sprach laut das Gebet und zündete die erste Kerze an.

In diesem Augenblick ging die Thür auf, und Karola meinte eine Erscheinung zu sehen.

Es war Siegfried Förenskjöld, der Geliebte ihrer Jugend, der eintrat. Es war noch sein verständiges, gutes Gesicht mit den treuen, blauen Augen, aber männlicher, ernster und von Sonne und Wetter mit einer Art Bronce bedeckt.

Die junge Wittwe blieb wie versteinert in der Nähe des Kamins stehen. Nachdem Förenskjöld ihre Eltern begrüsst hatte, verneigte er sich stumm vor ihr.

Sie klammerte sich an den Kaminsims und sah ihn flehend an, da er aber keinen Schritt vorwärts that, streckte sie ihm die Hand entgegen, und als er diese schöne vielbegehrte Hand nicht nahm, sprach sie mit einer Stimme, die leise bebte: »Siegfried, geben Sie mir die Hand.«

Förenskjöld trat auf sie zu, und sie ergriff rasch seine beiden Hände.

»Haben Sie mir vergeben?«

»Man vergibt nur, wenn man vergisst.«

»Sie haben mich also nicht vergessen,« murmelte sie, und ein schmerzliches Lächeln überflog ihr bleiches Gesicht.

Während man bei Tische sass, erzählte Förenskjöld seine Schicksale. Das Schiff, auf dem er gegen Norden segelte, war gescheitert. Er hatte einige Monate in der Eiswüste der Polargegend zugebracht und war dann durch einen amerikanischen Schoner gerettet worden. In New-York gut aufgenommen, hatte er dort rasch eine gute Praxis als Arzt gefunden und war vor wenigen Tagen zurückgekehrt, um seine Verwandten zu sehen.

Als die Tafel aufgehoben war, tanzten die Kinder um die Lichter und kamen dann zu den Eltern, um das Hanukagend in Empfang zu nehmen.

Nun kamen noch verschiedene alte Freunde des Hauses an, und bald war alle Welt, Alt und Jung, mit dem Spiel beschäftigt, wie es an diesem Abend Sitte ist. Die Kinder würfelten einige Zeit, dann kam Gustav, der Jüngste, zu Förenskjöld gesprungen und bat ihn, eine Geschichte zu erzählen, eine recht schreckliche von dem endlosen Eismeer, von schwimmenden Gletschern, Eisbären und Nordlicht.

»Wohl ist es Sitte«, sprach Förenskjöld, »an diesem Abend Geschichten zu erzählen, aber nur jüdische Geschichten.«

Gustav bat also um eine solche. Förenskjöld setzte sich zum Kamin, die Kinder umgaben ihn, und Karola trat leise hinter seinen Stuhl und stützte sich auf die Lehne desselben.

Einst fragte eine römische Matrone den Rabbi José be Chalafta, in wie viel Tagen Gott die Welt erschaffen habe?

»In sechs Tagen«, war die Antwort.

Auf eine zweite Frage, was Gott seitdem thue, erwiderte Rabbi José, seine Hauptbeschäftigung bestehe darin, die Menschen durch das Band der Ehe zu vereinen und glücklich zu machen.

Die römische Matrone fand diese Antwort spasshaft und sprach: »Dies soll eine Beschäftigung für einen Gott sein? Ehen zu schliessen ist leicht, ich wette, dass ich das eben so gut kann, wie Dein Gott. Ich habe eine grosse Zahl Sklaven und Sklavinnen und will sie alle in einer Stunde verheirathen, dazu bedarf man keiner göttlichen Macht.«

»Mag sein«, erwiderte der Rabbi, »aber unserem Gott ist es gerade so schwer, wie jedes andere Wunder.«

Die römische Matrone nahm hierauf tausend ihrer Sklaven und ebenso viel Sklavinnen und vermählte sie alle an einem Abend.

Was aber war die Folge dieser so rasch, ohne Ueberlegung, ohne Liebe geschlossenen Bündnisse?

Schon am anderen Morgen kamen sie alle im kläglichsten Zustande und warfen sich ihrer Herrin zu Füssen. Die einen hatten zerschlagene Köpfe, die Anderen wunde Augen, andere Striemen auf dem Rücken und alle, alle flehten um Scheidung ihrer Ehe.

Die römische Matrone gewährte ihre Bitte, und als sie wieder dem Rabbi begegnete, sprach sie: »Du hast recht. Meine Gottheit kann sich mit der Deinen nicht messen, unsere Gesetze stehen den Euren nach. Eure Lehre ist auf Wahrheit gegründet.«

Doch Rabbi José lächelte und erwiderte: »Habe ich Dir nicht gleich gesagt, dass eine Ehe zu stiften zu den schwierigsten Dingen gehört?«

»Und die Moral?« rief Rubenborg von seinem Whisttisch herüber.

»Vordem wurden die Ehen im Himmel geschlossen«, antwortete Förenskjöld, »heute ist das anders, und die römische Matrone würde diesmal recht behalten. Heute gelten nur noch die schönen Worte des Horaz:

Geld ist die KöniginDer Welt, schafft alles Dir, ein reiches Weib,Kredit und Freunde, Schönheit, Adel, Alles!«

»Nein, alles nicht«, sprach Karola leise, »die Liebe nicht und nicht das Glück.«

Förenskjöld stand auf, und während er sich an den Kamin lehnte, trat die arme, bleiche Frau vor ihn hin und ergriff von neuem seine Hände.

»Siegfried, vergeben Sie mir«, murmelte sie, »auch ich könnte Ihnen eine Geschichte erzählen von einer Frau, die der Reichthum, die der Luxus geblendet hat und die inmitten rauschender Feste wie eine Todte wandelte mit ihrem Herzen. Sie hat Unrecht gethan, diese Frau, auch sich, sich am meisten, aber sie hat auch gebüsst, an der Seite eines ungeliebten Gatten, umgeben von den Nichtigkeiten der Gesellschaft und dann in der freudenlosen Einsamkeit ihrer Wittwenjahre.

Das Licht ihrer Nächte war die Erinnerung, die Hoffnung.

Wenn Sie finden, Siegfried, dass sie nicht genug bereut, nicht genug gebüsst hat, sprechen Sie es aus, sie wird fortfahren, zu entsagen und zu lieben, aber nehmen Sie ihr die Hoffnung nicht.«

»Was verlangen Sie von mir, Karola?«

»Vergebung.«

»Ich soll Sie also vergessen?«

»Nein, nein,« rief die junge Frau; sie machte eine Bewegung, als wollte sie ihm zu Füssen fallen, »ich gehöre Ihnen, ich habe immer Ihnen gehört, nur Ihnen, stossen Sie mich nicht zurück, rauben Sie mir nicht die Hoffnung.«

»Und was hoffen Sie noch, Karola?«

»O! mein Freund!« fuhr sie fort, »heute ist Hanuka! Es ist der Tag, wo Judas Makkabäus die falschen Götter gestürzt und den Altar des wahren

Gottes aufgerichtet hat. Lassen Sie auch uns diese Götter zertrümmern, denen wir geopfert haben, die Eitelkeit, der Hang zum Reichthum, zum Genuss, die Hoffart und auch den Hass und die Rache.«

»Ich habe Sie niemals gehasst«, erwiderte Förenskjöld.

»Lassen Sie uns also zu unserem Gotte zurückkehren, zu dem einzig wahren.«

»Und dieser Gott wäre?«

»Sie fragen noch?« rief sie und warf sich an seine Brust, »die Liebe, Siegfried.«

Förenskjöld hielt sie in seinen Armen, während sie mit ihren schönen, lächelnden und weinenden Augen zu ihm emporblickte.

Du sollst nicht tödten.

– CROATIEN. –

Jüdische Ehre. – Das Duell.

Die Gräfin Mara Barowic war in einer Person die Circe, Omphale und Semiramis des kroatischen Berglandes Zagorien. Alle Männer, jung und alt, lagen zu ihren Füssen und doch war sie eher hässlich als hübsch zu nennen.

Aber sie besass jene Hässlichkeit, welche frappirt, fesselt und reizt. Dann hatte sie eine Geschichte hinter sich, welche sie interessant machte.

Man behauptete, dass sie ihren Mann durch einen ihrer Günstlinge auf der Jagd erschiessen liess, als dieser kroatische Ninus ihr lästig zu werden begann.

Und sie war originell!

Wenn das Weib ein Kunstwerk ist, wie ein berühmter Dichter gesagt hat, so darf man nicht vergessen, dass heute die Zeit des Gefälligen, Anmuthigen in der Kunst vorüber ist, man zieht die grausame Wahrheit der liebenswürdigen Schönheit vor, in der Kunst und ebenso in der Liebe.

Die Gräfin war ein Weib in diesem Geschmack. Von ihren beiden glühendsten Verehrern nannte sie der eine, Baron Kronenfels, »décadente«, und der andere, Herr von Broda, »naturalistisch«.

Sie ritt wie ein Husar, sie kutschirte, sie hetzte Hasen und Füchse, sie liebte es, in der malerischen Tracht einer kroatischen Bäuerin die Felder und die Forste zu durchstreifen und traktirte ihre Gläubiger mit der Hundepeitsche, wenn sie ihr Geld haben wollten.

Die Gräfin war nämlich vollständig verschuldet, nicht nur, dass auf ihrem Gute Granic kein Nagel mehr ihr gehörte, nicht einmal der falsche Zopf, den sie trug, war ihr Eigenthum.

Die jungen Cavaliere, welche sich um ihre Gunst bewarben, erklärten sich desshalb die Vorliebe der zagorischen Circe für die beiden »Weisen aus dem Morgenlande«, wie sie Broda und Kronenfels nannten, durch die glänzende materielle Lage dieser jüdischen Edelleute.

Baron Kronenfels war von etwas älterem Adel und genoss daher ein gewisses Ansehen, Herr von Broda dagegen war erst selbst geadelt worden und diente umsomehr als Stichblatt aller schlechten Spässe, als er einen geradezu lächerlichen Kultus mit seinem Wappen trieb. Es gab keinen Ort, wo er dasselbe nicht anbrachte, es glänzte sogar auf dem Halsband seines Hundes und auf den Cigaretten, die er sich apart bei Laferme fabriziren liess.

Kronenfels und Broda waren gute Freunde und Kameraden, denn Beide waren Offiziere in der Reserve, aber wie lange hält Männerfreundschaft gegenüber einer Frau Stand?

Ihre gegenseitige Eifersucht steigerte sich von Tag zu Tag und nahm endlich jenen akuten Charakter an, wo man sich jeden Augenblick auf einen Conflict gefasst machen muss.

Eines Abends beim Spiel und beim schäumenden Champagner fand die von ihren Freunden längst erwartete Explosion statt.

Baron Rukawina gab eine lustige Geschichte aus dem bewegten Leben der Gräfin zum Besten.

Sie sollte wegen der seit Jahren rückständigen Steuer exequirt werden und setzte daher Himmel und Erde in Bewegung, um das drohende Unheil abzuwenden. Sie reiste nach Agram und von da nach Budapest. Hier bestürmte sie den Minister, die einflussreichen Deputirten, ja sie erbat sogar eine Audienz beim König. Ueberall gab man ihr Hoffnung, aber die Gefahr wurde trotzdem immer dringender.

Da stellte sich ihr der Baron Meyerbach vor, und bot sich an, die Sache zu arrangiren.

Meyerbach war ein intelligenter Mensch mit einem guten Herzen und einer offenen Börse, aber die ungarische Aristokratie nahm ihn dennoch nicht in ihre intimen Kreise auf, aus dem einfachen Grunde, weil er Jude war.

»Haben Sie denn wirklich so viel Einfluss?« fragte die Gräfin erstaunt.

»Fragen Sie mich nicht, wie ich verfahren werde, Gräfin«, erwiderte der Baron, »genug, ich bin des Erfolges vollkommen sicher.«

»Und was verlangen Sie von mir für diesen Dienst?«

»Nichts, als dass Sie während zweier Wochen täglich eine Stunde mit mir in der Waitzner Gasse promeniren, täglich eine Stunde in meiner Gesellschaft auf dem Eisplatz im Stadtwäldchen zubringen und sich jeden Abend an meiner Seite in einem anderen Theater sehen lassen.«

»Das ist alles?«

»Alles.«

Die Gräfin that alles, was der Baron verlangt hatte.

Vierzehn Tage später erhielt sie die Quittung über die bezahlten Steuern – 32,000 Gulden – und Baron Meyerbach fand die Thüren der ungarischen Aristokratie nicht mehr verschlossen. Die Gräfin hatte ihn, wie man sagt, lancirt.

Man lachte und liess den schlauen Meyerbach leben, nur Broda machte ein trauriges Gesicht. Seufzend murmelte er die Worte Goethe's vor sich hin: »Nach Gelde drängt, am Gelde hängt doch alles.«

Baron Kronenfels legte die Karten mit Ostentation auf den Tisch und sah ihn an.

»Wollen Sie damit sagen, dass eine Dame, wie die Gräfin Maria Barowic, sich durch Geld oder Reichthum blenden lässt?«

Broda zuckte die Achseln.

Da erhob sich Kronenfels entrüstet und rief: »Sie sind ein *Jude*!«

Einen Augenblick blieben alle starr, dann sprang Broda gleichfalls auf und erwiderte vor Wuth bebend: »*Sie* sind ein *Jude*!«

Die Folge dieses Wortwechsels war eine Herausforderung. Beide Herren wählten auf der Stelle ihre Sekundanten. Man entschied sich für Pistolen, und das Rendezvous sollte am nächsten Morgen in dem Eichenwalde von Granic stattfinden.

Broda war nicht lange nach Hause zurückgekehrt und hatte kaum begonnen, seine Papiere zu ordnen, als der Rabbiner Salomon Zuckermandel bei ihm erschien.

»Sie wollen sich duelliren?« waren die ersten Worte des weisen gütigen Alten.

»Ja.«

»Und noch dazu mit einem Juden? Nein, Herr von Broda, Sie können, Sie dürfen, Sie werden nicht auf einen Menschen schiessen.«

»Verzeihen Sie, Rabbi Salomon, aber von Ehrensachen verstehe ich mehr als Sie.«

»Glauben Sie?« erwiderte der Rabbiner lächelnd, »nun, wir werden sehen. Sie glauben, die Ehre kann nur durch Blut reingewaschen werden? Mein lieber Herr von Broda, eine Ehre, die makellos ist, braucht überhaupt nicht erst gewaschen zu werden, und eine Ehre, die einen Makel hat, kann auch durch Blut nicht reingewaschen werden. Der Baron hat Sie einen Juden genannt. Ist das eine Beleidigung?«

»In dem Sinne, in dem er das Wort gebraucht hat, ja.«

»Nein, weder in diesem noch in einem anderen Sinne«, fuhr der Rabbiner fort, »sollte der Name Soldat zu einem Schimpfwort werden, weil es Soldaten gibt, die ihre Fahne verlassen haben? Diese Juden, die man meint, wenn man den Namen Jude als Schimpfwort ausspricht, haben auch ihre Fahne verlassen, es sind keine Juden mehr. Das Judenthum ist die Ehrfurcht vor Gott, die Liebe zur Freiheit, die Liebe zur Familie, die Menschenliebe, und die jüdische Ehre besteht nicht darin, Blut zu vergiessen, sondern recht zu handeln und Gutes zu thun.«

»Sie haben recht, aber —«

»Nein, nein, kein Aber. Als Gott auf dem Sinai in Donner und Blitz dem Moses die Gesetztafeln gab, da gab es kein Aber, da sprach er: »*Du sollst nicht tödten.*« – Sie sind ein Jude, Herr von Broda, das heisst ein Mensch, Sie werden nicht tödten.«

Der junge Edelmann trat an das Fenster, um seine Thränen zu verbergen, das jüdische Herz war bewegt, der alte Mann im schlichten Talar hatte das glänzende Wappen aus dem Felde geschlagen.

Es war Mitternacht, als Rabbi Salomon bei dem Baron ankam und demselben einen Brief seines Gegners übergab. Kronenfels las:

Mein Herr!

Sie haben mich schwer beleidigt, indem Sie mich in einer Gesellschaft von Cavalieren einen Juden genannt haben und dies zu einer Zeit, wo Herr von Treitschke in Berlin die Juden das »Schlamassel«, das Unglück des deutschen Volkes genannt hat. Allein Sie sind der einzige Sohn, die Hoffnung Ihrer Familie, und es würde mir leid thun, wenn ich Sie treffen würde. Sie haben mich mehr als einmal das Herz aus dem Asse schiessen sehen, Sie wissen, dass ich keine Redensarten mache. Ich schlage Ihnen desshalb vor, dass wir beide in die Luft schiessen und dass wir uns gegenseitig das Ehrenwort geben, dieses Uebereinkommen niemals zu verrathen.

Broda.

Kronenfels zeigte dem Rabbiner den Brief.

»Was ist da zu thun?« fragte er lächelnd.

»Herr von Broda hat bewiesen, dass er ein Jude ist«, sagte Zuckermandel, »bleiben Sie nicht zurück, beweisen Sie gleichfalls, dass Sie der Sohn eines Stammes sind, der als das älteste Kulturvolk alle anderen an Menschlichkeit übertrifft.«

Kronenfels warf einige Zeilen auf das Papier, welche Rabbi Salomon bei Tagesanbruch überbrachte. Die Antwort des Barons lautete:

Mein Herr!

Ich war eben im Begriff an Sie zu schreiben, als ich Ihren Brief erhielt.

Auch ich würde es bereuen, einen so hoffnungsvollen, jungen Mann zu tödten.

Uebrigens – entre nous soit dit – sind wir doch wirklich Juden, d. h. Nachkommen von Ahnen, welche älter als die Lichtenstein und Auersperg sind und von denen wir zwei Eigenschaften ererbt haben, die Herr von Treitschke, als der Sohn eines spät civillisirten Volkes wahrscheinlich nicht besitzt. Ich meine die Scheu vor Blutvergiessen und das jüdische Herz voll *Rachmonus.*

Kronenfels.

Um sechs Uhr morgens fand das Rencontre im schönen Eichenwald von Granic statt. Die beiden Gegner hielten Wort und schossen in die Luft.

Als die Sekundanten erklärt hatten, dass der Ehre Genüge geschehen sei, trat plötzlich Rabbi Salomon aus dem Gebüsch hervor, in dem er sich verborgen gehalten hatte und während Kronenfels und Broda sich versöhnt die Hände reichten, erhob der Greis segnend die Arme und sprach: »Meine Herren, Sie sind Juden!«

Bär und Wolf.

– SCHWEIZ. –

Rosch haschonnah. – Jom Kipur.

Herta Bär und Selma Wolf galten als die hübschesten Frauen in Basel, nicht allein unter den Jüdinnen. Man sah sie immer zusammen, und es gab Leute, welche behaupteten, dass Beide sehr gut wussten, dass sie sich gegenseitig als Folie dienten.

Herta war blendend weiss, üppig, blond, und Selma hatte jenen warmen Teint, der an den Orient mahnte, die schlanken Glieder der Braut des hohen Liedes und schwarze Haare, die in das Blaue schimmerten.

Ihre Männer, der Weinhändler Wolf und der Kaufmann Bär waren gleichfalls Freunde.

Da kam ein jugendlicher Dichter auf den unglücklichen Gedanken, Selma in einem kleinen Journal zu besingen und fortan war die Rivalität unter den beiden Frauen geweckt. Sie kämpften um die Palme auf Kosten ihrer Männer, sie überboten sich in Bezug auf Toiletten und Schmuck, in Bezug auf die Einrichtung ihrer Wohnungen, jede wollte die andere durch die Kunst der Küche in Schatten stellen und jede pries die Intelligenz, die Talente, die Schönheit ihrer Kinder auf Kosten jener der Anderen.

So entstand aus Neigung Widerwillen, und endlich sogar Hass.

Herta, welche gleich jeder jüdischen Frau für Litteratur und Kunst schwärmte, wurde zu unrechter Zeit von einer etwas übertriebenen Begeisterung für einen Schauspieler erfasst, den sie als Faust, Egmont, Karl Moor, Marquis Posa und Tempelherr in Lessing's Nathan bewundert hatte, und eines Abends, als er den Romeo spielte, warf sie ihm einen Kranz auf die Bühne.

Selma machte sich über sie lustig und gab ihr den Spitznamen Julia, den die bösen Zungen von Basel bereitwillig annahmen und verbreiteten. Herta vergoss zahllose Thränen und Bär brach alle Beziehungen mit Wolf ab.

Einige Zeit wich man sich gegenseitig aus, dann begann die scheinbare Gleichgültigkeit in Feindseligkeit auszuarten.

Bär erzählte in seinen Kreisen, dass Wolf seinen Wein verfälsche, dass er seinen Kunden ein langsam aber sicher wirkendes Gift gebe, und Wolf blieb die Antwort nicht schuldig. Er verbreitete seinerseits, dass Bär geknetetes Brod als Kaffee verkaufe und Nussbaumblätter als chinesischen Thee, dass er gestossene Ziegel unter den Zimmt mische und Kreide unter das Mehl.

Man glaubte Beiden, und Beide litten unter der gehässigen Verläumdung, welche immer weiter um sich griff, und die Reihen ihrer Kunden mehr und mehr lichtete.

***

In diesem gegenseitigen Hasse war fast ein Jahr vergangen und wieder nahte Rosch haschonnah, das jüdische Neujahr.

An einem trüben Herbsttage fanden sich die jüdischen Männer bei Tagesanbruch im Tempel zusammen und beteten hier bis zehn Uhr morgens. Jetzt erschien der Rabbiner Goldschmidt, öffnete die Lade, nahm die Thora heraus, bestieg die Estrade, rollte das geheiligte Pergament auf, und der Sänger begann in hebräischer Sprache die Geschichte Abrahams und das Opfer Isaak's vorzutragen.

In einer bilderreichen Predigt erinnerte der Rabbiner daran, dass an diesem Tage das erwählte Volk einen Bund mit Gott geschlossen habe und rief dann den frommen Nathan auf, mit dem Sophar, dem Widderhorn zu blasen.

Nathan bestieg langsam die Estrade. Nachdem er und der Rabbiner ihr Haupt mit dem Thaleth verhüllt hatten und das Gebet gesprochen war, senkten alle den Blick zur Erde, denn Niemand darf es sehen, wenn das heilige Horn geblasen wird.

Mit einer wahrhaft erhabenen Bewegung setzte Nathan dasselbe an den Mund und jedesmal, auf die rituelle Aufforderung des Rabbiners liess er dasselbe laut ertönen.

Nachdem der letzte schauerliche Ton, an die Posaune des jüngsten Gerichts mahnend, verklungen war, wurde die Thora in die Lade zurückgebracht, und der Sänger erhob von Neuem seine Stimme, die Versammlung warf sich zur Erde nieder, die Barmherzigkeit Gottes zu erflehen.

Die Kaduscha schloss die erhebende Feier, das dreimalige Hosannah!

Als Bär aus der Synagoge trat, erwartete ihn der Schames und bat ihn, zu dem Rabbiner zu kommen.

Dieser empfing ihn wohlwollend, fragte nach dem Befinden seiner Frau und seiner Kinder und sagte endlich: »Sie wissen, mein lieber Bär, dass wir in zehn Tagen den Versöhnungstag feiern.«

Bär nickte.

»Haben Sie bereits daran gedacht, diese kindische Feindschaft mit Wolf zu beenden?«

»Ich kann nicht den ersten Schritt thun«, sagte Bär, »Selma Wolf hat meine Frau beleidigt.«

»Und Sie haben zuerst Wolf verleumdet.«

Bär schwieg und betrachtete verlegen seine glänzenden Stiefel.

»Sie wissen«, fuhr der Rabbiner fort, »dass Gott am Jom Kipur nur jene Sünden vergibt, welche wir gegen ihn, nicht aber jene, die wir gegeneinander begangen haben. Sie müssen am Col Nidre zu Wolf gehen und ihn um Vergebung bitten, und Selma Wolf wird zu Ihrer Frau kommen.«

———————————

Die neun Tage der Einkehr und Busse, die dem Jom Kipur vorangehen, hatten Bär mürbe gemacht.

Als die Männer um zwei Uhr im Tempel erschienen, um das Gebet zu sprechen, war er bereits entschlossen, zu seinem Feinde zu gehen. Vorher that er noch reumüthig Busse. Vor dem Tempeldiener niedergekauert, empfing er die traditionellen neununddreissig Streiche mit der Geissel auf den Rücken und kehrte dann still und ernst nach Hause zurück.

Nach dem Abendessen segnete er die Seinen, zog sich an und ging wieder zur Synagoge. Es war schon dunkel in den Strassen und überall sah man durch den Herbstnebel gespensterhafte Gestalten schreiten, ernste Männer mit gesenktem Haupt, mit dem weissen, silbergeränderten Sterbegewand und der weissen Kappe angethan. Wenn zwei sich begegneten, baten sie sich gegenseitig um Vergebung.

Die Schritte Bär's wurden langsamer, dort an der Ecke glänzte das Weinfass Noah's, dort war das Haus seines Feindes.

Noch einmal hielt Bär inne, dann aber beschleunigte er seine Schritte umsomehr und trat in das Haus.

Wolf kam eben die Treppe hinab.

»Ich bin gekommen!! …« begann Bär, er konnte nicht weiter, Thränen erstickten seine Stimme.

»Ich bitte Dich um Vergebung«, rief Wolf, »ich bin der Schuldige – meine Frau …«

»Nein, ich habe Dir Unrecht gethan«, sagte Bär und schon lag Wolf in seinen Armen.

Als die beiden Freunde Hand in Hand in den Tempel traten, lief ein beifälliges Murmeln durch die Versammlung.

Der grosse Tag begann, wo Israel zerknirscht vor seinem Gott im Staube liegt und zu dem Allerbarmer fleht, wo keine Speise, nicht einmal ein Tropfen Wasser über die Lippe des frommen Juden kommt, wo Handel und Arbeit ruhen, und ein Jeder nur seiner Sünden gedenkt und der Stunde, wo er vor dem Throne des Ewigen erscheinen wird.

Während die Männer noch büssten und beteten, kehrten die Frauen langsam aus dem Tempel nach Hause zurück.

Herta Bär brachte ihre Kinder zu Bett und setzte sich dann in eine kleine Stube, die neben ihrem Schlafzimmer lag und in der sie zu arbeiten und zu lesen pflegte. Heute weihte sie die Abendstunden der Betrachtung und der Andacht.

Der kleine Raum war nur durch das Feuer, das in dem grossen, grünen Kachelofen loderte, erhellt. Herta's Augen hafteten an dem rothen Widerschein, der um die exotischen Pflanzen der Tapete an der Wand gaukelte, und ihre Lippen bewegte ein leises Murmeln. Da klopfte es furchtsam an die Thüre.

Wer konnte es sein?

Herta erhob sich und öffnete. Eine tief verhüllte, weibliche Gestalt trat über die Schwelle, und als sie langsam den Schleier fallen liess, blickte Herta erstaunt und verwirrt in das schöne, vor Aufregung und Scham geröthete Gesicht Selma's.

»Ich komme, Dich um Vergebung zu bitten«, begann die Arme.

»Du hättest Dir diese Demüthigung ersparen können«, erwiderte Herta mit einem Blick voll Härte und Hohn, »Du hast meine Ehre angegriffen, Du hast mich, ein treues, tugendhaftes, jüdisches Weib, der schwersten Sünde verdächtigt, nein, ich kann Dir nicht vergeben, ich kann nicht.«

»Ich habe bereut ...«

»Phrasen!«

»Ich will jede Busse auf mich nehmen, die Du mir auferlegst.«

Herta sah sie an und schien zu überlegen.

»Strafe mich«, murmelte Selma, indem sie sich zu den Füssen ihrer Feindin niederwarf, »ich darf nicht unter das Dach meines Gatten zurückkehren, ohne Deine Vergebung. Tritt mich mit Füssen, aber nimm die Sünde von mir.«

»Ja, Selma«, erwiderte Herta mit vor Rachlust bebenden Lippen, »ja ich will Dich treten, ich will Dich geisseln, vielleicht kann ich Dir dann vergeben.«

Stumm warf sich die Unglückliche vor ihr nieder, wie vor einer zürnenden Gottheit, und Herta setzte den kleinen Fuss auf sie, ohne Erbarmen, und nachdem sie sich an der Erniedrigung ihrer Feindin genügend geweidet hatte, ergriff sie die Peitsche, mit der sie die grosse Dogge ihres Mannes zu strafen pflegte. Ruhig, stumm entblösste Selma ihre schönen Schultern und neigte das Haupt vor Herta, und diese hatte wirklich den Muth, sie zu schlagen.

Die Peitsche zog einen glühenden Strich über Selma's Rücken und dieses Mal brachte Hertha zur Besinnung. Sie verbarg ihr Gesicht in den Händen und begann laut zu schluchzen. »Was habe ich gethan!« rief sie, »ich Wahnsinnige! am Tage der Reue und Versöhnung.«

Selma hatte sich erhoben, sie schlang die Arme um Herta und suchte sie zu trösten. »Ich habe verlangt, dass Du mich strafen sollst«, sagte sie sanft, »Du hast mir nicht zu viel gethan.«

»Nicht zu viel?« erwiderte Herta, »gut, dann wirst Du mich aber gleichfalls strafen, Selma, denn ich bedarf der Busse mehr als Du, Du gute, grossmüthige, einzige Frau.«

Sie riss mit einer fieberhaften Hast den türkischen Schlafrock, den sie trug, herab, und das Hemd und kniete vor Selma nieder.

»Strafe mich«, bat sie, »schone mich nicht.«

Selma nahm die Peitsche und gab ihr drei sanfte Streiche, nicht anders, als wenn sie ihre Schultern mit einer Blume berühren würde.

»Selma!« rief Herta aus, »Du hast mich mehr gedemüthigt, als ich Dich. Kannst Du mir vergeben?«

Statt ihr zu antworten, zog Selma die Knieende an sich und küsste sie, Herta aber machte sich los, ergriff Selmas Fuss und presste ihre Lippen auf denselben.

Der Tag verrann, der lange Tag, der kein Ende zu nehmen scheint und wieder waren die jüdischen Männer im Tempel vereint, das letzte Gebet zu dem Throne des ewigen Richters emporzusenden.

Während die Nehila erklang, flackerten die Kerzen zu Ende, mehr als eine erlosch, der geheiligte Raum wurde düsterer und düsterer.

Endlich sprach der Rabbiner die erlösenden Worte, dieselben, welche der fromme Jude angesichts des Todes spricht.

»Höre, Israel! Der Herr ist unser Gott! es ist nur ein Gott!«

Nachdem er diese heiligen Worte siebenmal ausgesprochen, erklang zum letzten Mal das Widderhorn, und dann verliessen die Männer still und ernst den Tempel.

Vor dem maurischen Thor der Synagoge trafen sich Bär und Wolf. Schweigend gingen sie nebeneinander dem Hause zu. Ueber ihnen erglänzte milde der schöne Stern, Bote des Sabbath, der Bote des Friedens und der Versöhnung.

Zweierlei Adel.

– FRANKREICH. –

Jüdische Aristokratie. – Wissenschaft, Kunst und Litteratur. – Schebuth.

Sie waren von Frankfurt nach Paris gekommen. Ihr Ahnherr hatte sich grosse Verdienste erworben und war Baron geworden, der erste Jude, der seinen Platz unter den Enkeln der Ritter und Minnesängern einnahm, ohne seinen Glauben zu wechseln.

Eigentlich hatten sie es gar nicht nöthig, geadelt zu werden, sie stammten aus einer edlen, vornehmen Familie Israel's, die älter war als die Habsburg und Hohenzollern, und sie besassen seit Jahrhunderten jenen Seelenadel, dessen Wappen die Thräne des Mitleids ist.

Der Baron protegirte die Wissenschaften und die Künste und die Baronin übte die grossherzige jüdische Wohlthätigkeit in einem Massstab, welcher alle die schönen Feenmärchen unserer Kindheit wahr machte.

Die liebenswürdige, geistreiche Frau hatte aber auch noch eine Leidenschaft, welche sie mit der grossen Kaiserin Maria Theresia gemein hatte, sie liebte es, Ehen zu stiften.

Eines Tages entdeckte die gütige Fee, welche gleich dem Chalifen Harum al Raschid nicht selten verkleidet, unkenntlich die Viertel der Armen durchstreifte, um das Elend aufzusuchen, und wo sie nur konnte, Noth und Krankheit zu lindern, einen jungen, jüdischen Gelehrten, von dem die Nachbarschaft merkwürdige Dinge erzählte.

Oskar Stein war Naturforscher. Mit jenem heiligen Drang nach Wahrheit, jenem glühenden Eifer, welcher den Israeliten bei jeder geistigen Arbeit auszeichnet, forschte und studirte er seit Jahren. Niemand wusste, wovon er eigentlich lebte. Wahrscheinlich hatte er irgend eine Nebenbeschäftigung, wie Spinoza Gläser schliff, um sein grossartiges, philosophisches System ungestört ausspinnen zu können, wie Adolf Kaftan Schnupftabak fabrizirte, um Jahr für Jahr Hunderttausende von Rubeln für die Dürftigen sammeln zu können.

Sicherlich trug diese Nebenbeschäftigung nicht viel ein, denn Stein bewohnte in einer engen finstern Gasse ein kleines Stübchen unter dem Dach, und es gab Tage, wo er sich nur von Brod und Früchten nährte.

Die Baronin schrieb einige Zeilen an den jungen Gelehrten und lud ihn zu sich, aber der Arme besass nicht einmal einen Rock, in dem er sich hätte vorstellen können und entschuldigte sich durch einen ebenso rührenden als ungeschickten Brief.

Doch die Fee liess sich nicht so leicht abschrecken. Eines Tages stieg sie, von einer gleichgesinnten Freundin begleitet, die steile, finstere Treppe empor und klopfte an Stein's Thüre.

Der arme Stein wäre glücklich gewesen, wenn sich in diesem Augenblick, wie auf dem Theater, eine Versenkung geöffnet hätte, und er hätte verschwinden können. Er hüllte sich verzweifelt in seinen fadenscheinigen Schlafrock, wie Cäsar in seine Toga, als die Verschworenen sich mit gezücktem Dolch auf ihn stürzten, stolperte über seine eigenen Füsse, erröthete wie ein junges Mädchen und stammelte wie ein Schulknabe, der seine Lektion vergessen hat.

Die Güte der Baronin half ihm aber endlich über alle diese Schwierigkeiten hinweg, man sprach sich gegenseitig aus und entschlossen, Stein zu helfen, ohne ihm ein Almosen anzubieten, das er nicht angenommen hätte, machte ihm die liebenswürdige Frau den Vorschlag, ihre Kinder in der Naturgeschichte zu unterrichten. Stein nahm an. Sofort fand sich ein Schneider, der ihm auf diese glänzende Aussicht hin einen Anzug machte, und der schüchterne Gelehrte war bald ein täglicher Gast in dem schönen Palais mit dem herrlichen Garten, dessen alte Bäume mitten in Paris an die Zedern des Libanon mahnen.

Fast zu gleicher Zeit hatte der Baron eine junge Malerin Lazarine Decamps, entdeckt.

Diese reich begabte Künstlerin war genau das Gegentheil des armen, unbeholfenen Gelehrten. Sie stammte aus einer wohlhabenden, jüdischen Familie in Lyon, verdiente ausserdem viel Geld, war hübsch und elegant und voll Selbstvertrauen, ja sogar ein wenig emanzipirt, so dass man sie häufig für eine Studentin der Medizin oder eine Nihilistin hielt.

Eines Abends, im Theater Français, sagte der Baron zu seiner reizenden Frau: »Dein Gelehrter und meine Malerin sind wie geschaffen, sich gegenseitig zu ergänzen. Jedes für sich ist einseitig, zusammen werden sie das vollkommenste Wesen bilden. Wie wäre es, wenn wir sie verheirathen würden?«

»Warum nicht?« erwiderte die Baronin lächelnd. »Da die Ehen im Himmel geschlossen werden, brauchen wir ja nicht zu fürchten, dass wir irgend ein Unheil anrichten.«

Einige Tage darauf waren Fräulein Decamps und Stein bei der Baronin zum Thee geladen. Die Baronin bestellte bei der Malerin zwei kleine

Genrebilder aus dem jüdischen Leben im Style der holländischen Cabinetsbilder. Das eine sollte ein jüdisches Mädchen darstellen, mit dem Winden der Kränze für Schebuoth (Pfingsten) beschäftigt, das Gegenstück einen jungen Talmudisten vor seinem Lederbande.

Für diesen Letzteren schlug der Baron Stein als Modell vor, und da sich der Naturforscher in den fernsten Winkel des Salons, zwischen einigen soliden Deputirten versteckt hatte, führte die Baronin Lazarine zu ihm.

Vergebens verschanzte sich Stein hinter seine Studien, vergebens hielt er das Werk, an dem er arbeitete, und auf das er alle seine Hoffnungen setzte, der Malerin als Schild entgegen, sein Kopf interessirte sie, und sie bestand darauf, ihn zu malen.

»Da Sie nicht in mein Atelier kommen wollen«, sagte sie, »so werde ich zu Ihnen kommen und Sie malen, während Sie vor Ihren Büchern und Manuskripten sitzen.«

Schon am nächsten Morgen erschien der Diener der Malerin, ein Neger, stellte in Stein's Stube die Staffelei auf stapelte allerlei Malergeräth auf, und eine halbe Stunde später kam Lazarine selbst. Sie benahm sich, als wäre sie bei Stein zu Hause, sie hing ihren Hut an das Fenster, warf ihre Jacke über seinen Stuhl und machte sich sofort an die Arbeit.

Während sie zeichnete und malte, sass der junge Gelehrte vor seinem mit Büchern, Papieren, Instrumenten und Präparaten bedeckten Tisch und arbeitete, aber mehr und mehr begann er das hübsche, resolute Mädchen von der Seite anzusehen, ein paar Worte an sie zu richten, ihr kleine Aufmerksamkeiten zu erweisen und ehe eine Woche vergangen war, verkehrten Stein und Lazarine bereits als gute Kameraden.

Als das Bild fertig war, und Lazarine sich verabschiedet hatte, fühlte sich Stein namenlos unglücklich. Gewohnt, alles mit der Luppe zu untersuchen, prüfte er jetzt seine eigenen Gefühle und gestand sich endlich, dass er Lazarine liebe.

Niemals hätte er jedoch den Muth gehabt, ihr ein Geständniss zu machen. So adressirte er denn seine Liebeserklärung an die Baronin, welche sie lächelnd anhörte und noch denselben Abend an die richtige Adresse beförderte.

Am folgenden Tage stürmte Lazarine in Stein's Studirzimmer.

»O! Sie unverbesserlicher Schlemil!« rief sie lachend, »warum haben Sie mir denn nicht gleich gesagt, dass Sie mich lieben? Hier ist meine Hand.«

Stein ergriff sie und küsste sie.

»Nun lassen Sie uns aber vernünftig reden,« fuhr Lazarine fort, nachdem sie sich ihm gegenüber gesetzt hatte, »Sie müssen vor allem Ihr Werk vollenden.«

»Ganz richtig.«

»Wenn dasselbe erschienen ist, wird es Ihnen leicht werden, sich eine Stellung zu machen und dann heirathen wir.«

»Ja, dann heirathen wir.«

Stein's Buch machte in den wissenschaftlichen Kreisen Aufsehen. Er fand mit einem Male Freunde und Beschützer und wurde einige Monate später zum Professor ernannt.

Lazarine kaufte ein kleines Haus mit einem Garten in dem Bois de Boulogne, wo sie vor allem ein Studirzimmer für Stein und ein Atelier für sich einrichtete.

Für Schebuoth waren sie beide bei der Baronin geladen. Die Thore und Treppen des schönen Palais waren reich mit grünen Zweigen und Blumenguirlanden geschmückt und Nachmittags, wo man an diesem Tage seine Freunde zu besuchen pflegt, war in dem herrlichen Garten unter einem Zelt eine auserwählte Gesellschaft versammelt.

Die reichen und vielseitigen Gaben des jüdischen Geistes zeigten sich hier wie in einem Brennpunkt vereinigt, Gäste aus allen Ländern Europas waren gekommen, um dem hochsinnigen Paare, das hier waltete, zu huldigen. Man sah neben dem weisen und gelehrten Pariser Rabbiner, den berühmten deutschen Philologen und den ausgezeichneten Geologen aus Oesterreich, die neue Rachel bildete den Mittelpunkt einer glänzenden Gruppe, in der man vor allem den ungarischen Geigerkönig und den holländischen Meister der Palette bemerkte.

Der glänzende Wiener Operncomponist promenirte an der Seite des genialen russischen Pianisten und ein Kreis von jüdischen Schriftstellern, deren Werke alle gebildeten Idiome Europas repräsentirten, umgab die Baronin, welche wie immer durch ihr gesundes, treffendes Urtheil anzog und anregte.

Nach dem Gouter verkündete der Baron seinen Freunden die Verlobung der Malerin Decamps mit dem Professor Stein. Alle umringten das junge Paar und brachten demselben ihre Glückwünsche dar.

Der gelehrte Rabbiner stand seitwärts und blickte lächelnd und zufrieden in das fröhliche Getriebe.

»Was denken Sie in diesem Augenblick?« fragte der Baron.

»Ich denke«, antwortete der Rabbiner, »dass wir doch ein auserwähltes Volk sind, trotz dem Geschrei unserer Feinde. Wir sind es, weil wir den Geist und das Talent ehren, wie kein zweites, und weil wir zu einer Zeit, wo die alte Aristokratie ihre Wappenschilder zerbröckeln sieht, eine neue erzeugt haben, welche den Adel des Geistes mit jenem der Geburt zu vereinen versteht. Ich denke auch an die Worte des Koheleth: Denn welchem Menschen Gott Reichthum und Güter gegeben und ihm die Macht verliehen hat, davon zu geniessen und sein Theil hinzunehmen und froh zu werden seiner Mühe, siehe, das ist eine Gabe Gottes.«

Fußnoten:

1 Ich berufe mich hier auf ein Gutachten und eine Rede meines verewigten Freundes, des weisen Rabbiners Stein.

2 Die Furcht vor der Zählung rührt noch von Egypten her.

3 In dem Städtchen Pintschew trat zuerst jener Jakob Frank auf, welcher eine weit verbreitete Sekte begründete und von vielen für den Messias gehalten wurde. Er war ein Gegner der Chassidim (Eiferer). Diese erkennen sich heute noch an der Frage: Was thut sich in Pintschew? und der Antwort: Es tugt. (Der Teufel ist los.)